기억을 품다
흔적을 더듬다

부산의
마을

부산문화재단
사람 · 기술 · 문화
총 **7** 서

기억을 품다
흔적을 더듬다 부산의
마을

부산문화재단
BUSAN CULTURAL FOUNDATION

총론

해방 전후

한국전쟁 전후

일러두기

- 이 책은 구술자가 사용한 사투리나 말투를 되도록 살려서 실었다.
- 본문은 자료 조사와 마을 주민 인터뷰를 중심으로 구성되어 있다.
- 본문에 기재된 인터뷰 내용은 구술에 의존한 것으로 명확한 사실관계에 의거한 것은 아니다.
- 이 책의 표기에 관해서는 아래의 원칙을 따랐다.

▶ 작은따옴표 (' ') 는 강조의 경우

▶ 큰따옴표 (" ") 는 직접 대화를 나타내거나 직접 인용 및 강조의 경우

▶ 홑낫표 (「 」)는 단행본 수록 작품 및 논문의 제목 혹은 그림이나 노래 등 작품 제목

▶ 겹낫표 (『 』)는 책의 제목

▶ 소괄호 (( ))는 저자나 편집자의 보충 설명 혹은 우리말 표기와 원어 표기 병기의 경우

▶ 빗금 (/) 은 시나 노래 가사의 행이 바뀌는 부분

▶ 쌍빗금 (//) 은 시나 노래 가사의 연이나 절이 바뀌는 부분

▶ 화살괄호 (〈 〉) 신문, 잡지 등 정기간행물과 영화, 연극, 방송 등 제목 및 기타 명칭

부산의
마을 ────────────────
총론

향토사학자, 부산민학회장

서양화가로서 1983년부터 민속, 춤, 소리와 쟁이와 꾼 그리고 굿을 찾아

전국을 답사하고 이를 채록해 왔고,

한편으론 부산의 역사와 문화터, 민속을 연구해 왔다.

그리고 이를 바탕으로 그림을 그리고 글을 써왔다.

주경업 ● 『부산을 배웁시다 1·2·3』을 비롯한 부산과 관련 연구서 25여 권이 있다.

부산의
이주정착촌

주경업

1. 프롤로그

　이 땅에서의 이주이민(移住移民)은 오랜 옛적부터 있어왔다. 때로는 정부의 정책으로 인해서거나 오랜 기근과 홍수 등을 피해서거나 부패 관리들의 토색(討索)질에 못 이겨서거나 자주 출몰하는 왜구와 도적들의 폐해(弊害)에서 벗어나고자, 정들었던 고향을 버리고 솔가(率家)하여 이주했던 사실을 역사는 기록하고 있는 것이다.

　1271년(고려 원종 12) 왜구의 대거 침략에 견디다 못한 거제도 사람들은 거창군 가조현과 진주목 영선현 등지로 피란을 가서 살다가 왜구가 물러간 151년만인 1422년(조선 세종 4) 옛터로 다시 돌아온 기록이 보인다(『세종실록』권30. 7년 1월조). 1544년에는 조정의 북변 이민정책으로 죽령을 넘는 백성들을 풍기군수 주세붕(周世鵬)이 술과 음악으로 전송하면서 생활고에 시달리는 백성들이 선영(先塋)을 버리고 고향을 떠나는 측은함을 임금의 이름으로 달래주기도 했었다.

근세에 이르면 함경북도 육진지방의 대흉작으로 많은 백성이 생계유지를 위해 간도(間島)지방으로 이주한다. 이들은 관헌의 침해와 부역 및 과중한 부세에서 벗어나기 위해서 이민 길에 올랐다.

광복 이후엔 해외 이주이민이 국가 정책으로 채택되어, 1962년부터 정부 투자기관으로 현지에 지사까지 두고 이민자를 모집·선발·송출하는 기능을 보건사회부가 관장하고 있었다.

이처럼 이주정책은 새로운 정책을 펴는 국가나 지자체들에게 필요불가결한 요소가 되어왔다. 이렇듯 이주정착한 사람들의 집합체인 정착촌은 그간 여러 과정을 거치면서 오늘날의 모습으로 변화하여 왔다고 보아야 한다.

특히 부산은 개항과 일제 강점기 - 해방 - 6·25전쟁 등을 겪으면서 수많은 도시계획이 수립되었고 이를 실현하기 위한 노력과 결과들이 오늘의 부산 모습을 만들었다고 본다. 이러한 변화는 지금도 입안되고 있는 새로운 도시계획에 따라 계속 이루어지고 있는 것이 틀림없다.

2. 부산의 도시계획과 이주정착촌

사실, 부산 인구의 1세(世)들은 압도적인 다수가 이주민(移住民)으로 구성되었다 해도 지나친 표현이 아니겠으나, 얼마 가지 않아 2~3세의 해방동이 이후론 '토박이' 소리를 듣게 된다. 부산의 이주정착촌 연구는 이러한 바탕을 근저(根低)로 출발할 필요가 있다.

항구도시 부산, 부산항. 우리 문물을 일본에 가르쳐주며 의연(毅然)하던 조선 시대의 부산항. 주권을 탈취(奪取)당한 뒤 일제 강점기하에서 민족의 슬픔과 탄식이 서리던 부산, 6·25전쟁과 더불어 구미문물(區美文物)이 홍수처럼 밀려오던 부산항, 이렇게 복잡하던 모든 상황을 굳건히 이겨내면서 부산은 우리 민족사와 더불어 성장되어 온 것이다.

　부산은 한일통상의 요충지로서 국제교역의 관문 역할을 하면서 발전하여 왔으며 이에 부합하는 도시계획의 역사를 가지고 있다. 1876년 개항과 더불어 일본의 조계지(租界地)인 초량왜관 부지 약 11만 평에 도시를 건설하기 시작한 부산은 1905년에 이사청(理事廳)을 설치하고 1906년에는 시구개정(市區改正) 8개년 계속사업에 착수하였는데 이것이 부산에 있어서 도시계획의 시초가 되었으며 부산 도시 형성의 근간이 되었다.

　그 당시 부산 도시계획의 주체는 일본인이었으며, 따라서 부산의 도시계획은 일본의 식민지 정책과 맥을 같이한 것이다. 개항 당시 초량에 100여 호, 고관에 150여 호, 부산진에 400여 호 거주하던 것이 그로부터 30년 후인 1905년에는 초량에 400여 호, 고관에 200여 호, 부산진에 300여 호로 이동 변화하여 항민(港民)들의 호구가 차차 근대 문명시설을 갖추어 가고 있는 일본전관거류지(日本專管居留地) 가까운 곳으로 밀집되어간 것을 알 수 있다. 즉 부산의 근대도시 형성이 식민지 항구도시로서의 성격을 띠고, 이질적으로 크게 변화되어 가고 있었던 양상을 안고 있었다는 말이다.

　이른바, 일본의 개항 초기부터 장래 거류민 증가에 대비하여 도로망을 계획하고 가옥의 구조를 규제하는 도시계획을 세워나갔으며, 일본 영사관을 중심으로 그 주변에 경찰서, 은행 등 각종 공공건물과 기관을 배치하여 일본의 거류민 시가지를 계획 형성해 나갔던 것이다.

부산 도시가 성장해나감에 따라 1910년에는 총독부 지방관제의 개편에 부산부를 설치한 데 이어 1937년에는 총독부 고시 제188호에 의거 부산시가지 계획령을 수립하였는데, 이것이 부산 최초의 근대적인 도시계획이었다. 이후 부산은 도시 내의 도로, 공원, 풍치지구 및 토지구획 정리사업 등을 펼쳐오면서 1949년에 부산부제가 폐지되고 부산시로 개칭되었으며, 해방과 더불어 해외동포의 귀환과 6·25 전쟁에 의한 피란민의 정착 등으로 부산의 도시가 급격히 팽창하므로 1955년에는 이미 인구 100만 명의 극심한 과밀한 현상까지 나타나게 된다. 한편, 1963년 부산은 정부직할시로 승격되고, 1981년 김해 지역 편입 등으로 도시 영역이 확장되므로 우리나라 제2의 도시로서 위상을 공고(鞏固)히 하였다.

1970~1980년대에 들어 부산은 본격적인 도시 개발에도 불구하고 부산 인구가 거의 폭발적으로 증가하여 300만 명에 이르자 도시 문제가 더욱 심화되었다. 1972년에는 부산 도시 기본 계획이 수립되어 종합적인 도시 개발이 이루어지게 되었다. 경부고속도로가 개통된 것도 이 시기이다. 이후에도 부산은 현대적 의미의 부산 도시를 건설하기 위하여 시가지 가로 및 광장 건설, 공공주택 건설, 상하수도 건설 등을 추진하여 오늘에 이르고 있다.

부산의 인구 증가와 도시 확장은 부산의 주택난을 매우 심각하게 만들었고 불량주택의 양산을 가져왔다. 부산에서 나름대로의 공공주택건설이 시작된 것은 1950년대부터이며, 해방과 한국전쟁기를 통하여 부산에는 해외동포의 귀환과 피란민의 유입 등으로 일종의 후생주택사업이 이루어지게 되었으니 1954년부터 5개년 사업으로 양정동, 청학동 등 시내

일원에 UNKRA자금에 의한 후생주택(2,151동)이 건립되기에 이르렀다. 1958년부터 1961년 사이에는 난민주택(1,400호) 건립이 이루어졌으며, 1960년대에는 시영주택이 활발히 건립되었다.

이른바 해방과 6·25전쟁기에 양산된 귀환 동포와 피란민의 부산 집중과 이로 인한 고지대의 무허가 판잣집의 난립은 부산주택정책의 큰 화두가 되어 도시 문제를 한층 심화시켰다. 이에 부산은 1967년에 고지대재개발 5개년 계획을 세워 무허가 판잣집을 철거하고 주민을 이주시키는 대사업을 시작하였다.

또한 도시 구조를 개선하여 아름다운 도시를 만들기 위한 재개발사업도 추진하게 되었는데, 1962년에 착공한 부두지구 계획정리 사업과 1966년 계획된 범일동 조방지구 재개발사업이 그 대표적인 것으로, 이후 더욱더 면밀한 계획이 담긴 도시 재개발사업이 계속 추진되어 왔고 이로 인해 당해지역의 철거민 이주정책이 펼쳐지게 된다. 이로써 도시 외곽지역에 이른바 이주정착촌(移住定着村)이 생겨나게 되었으며 이 이주정착촌은 곧 기존 행정구역에 동화되기도 했다. 그러나 일부 정착촌들은 행정구역에서 동떨어져 소외되고 마치 종기부스럼자국처럼 '상채기'로 남아 있다.

이렇듯 '상채기'로 남아 있는 이주정착촌의 연구는 그동안 잘 알려져 있는 정착촌(마을)들에 대하여 연구자에 따라 '오지마을' 등등으로 편편이 그 조사연구 결과물들이 공개되기도 했었다. 그러나 일반에게 잘 알려지지 않거나 도시개발에 사라져 버린 정착촌들에 대한 정리 기록으로는 『부산문화재단 사람·기술·문화 총서 7권 - 부산의 마을』이 처음일성 싶다. 조사연구자에 따라 그 기술 방법들에 다소 차이가 있겠지만 이렇듯 이주연구촌 연구물을 한 권의 책자로 엮는다는 것에 큰 의의가 있는 것이다.

3. 부산의 이주정착마을 유형

부산의 이주정착마을(村)은 우선적으로 도시 발달에서 그 연원을 찾아야 한다. 곧 일제 강점기의 항만 매축과 이후 수시로 진행되는 도시계획에 따라 발생적으로 나타나는 이주정착민마을 형성 등에서 찾아야 한다는 말이지만, 부산의 경우에는 특이하게도 6·25전쟁과 같은 국가 재난에 영향 입은 바가 여느 도시들보다 크다. 더하여 도시의 대화재 등으로, 어느 날 갑자기 생긴 피란민(또는 난민)들의 새로운 정착지 수용은 한때 부산을 피란민 정착도시로 착각을 불러일으키기도 하였다.

이렇게 형성된 이주정착마을들이 시간이 지나면서 이주 초기의 모습에서 안정 정착으로 변화되어 보통의 마을 모습으로 전환된 마을이 있는가 하면, 여전히 이주 전 모습에서 벗어나지 못하고 본디의 모습 같은 열악한 환경 속에 머물러 있는 마을들이 있다. 이 마을들은 정착할 때의 구획된 모습으로 판잣집과 띠집 같은, 현관문 열면 마루, 방, 부엌이 한 눈에 보이는 2, 3평 남짓의 움집 형태를 면하지 못하는 집들도 있다.

이주정착마을을 유형별로 구분하여 보면 첫 번째, 귀환정착마을이다. 해방 후 일본군으로 징용 징발당해 갔다가 귀환선을 타고 귀환한 이들 동포들이 정착한 마을이다. 부두 창고에 임시 우거하다가 매축지로 옮겨 우거한다. 동구 범일5동 6통의 매축지는 1932년경 매축한 부산진 제2차 공사구간으로 옛 좌천3동 68번지 일대이다. 서쪽 범일 5동 주민 센터가 있는 경부철도변은 79번지로 철도관사가 들어섰던 곳이어서 지금도 철도청 부산보급사무소가 있다. 일제 강점기 조선 땅에서 차출된 징용병(徵用兵)들을 일본으로 수송하기 전, 임시로 수용하기 위해서 이곳에다 가건물을 가설하였다. 대나무 오리로 발을 엮어 안팎으로 진흙(매축한 곳에서 가져온 듯)을 발라 초벽을 쳐서 5평 남짓한 임시막사를 지었다. 임시막사에서 수용되었던 징용병은 제4부두에서 일본행 배를 탔다. 그러나 임시막사가 완성하기 전에 일본은 항복하고 말았으니, 짓다가 중단되어 문도 없이 뼈대만 남은 집에 해방 후 귀환동포들이 들어와서 완성하고 살았던 것이다. 그 후 6·25전쟁으로 피란 온 사람들이 만원이 된 마을 구석구석에 끼어들어 피란촌까지 형성하게 된다. 일본행 준비를 하던 강제징용병과 해방 후의 귀환동포 그리고 6·25피란민이 혼재된 그리 길지 않는 시간에 서로 다른 난민들이 모여들어 만든 이주정착마을이다.

귀환정착민과 6·25피란민이 혼재된 마을로 남구 우암동 소바우소막마을도 있다. 일제 강점기 이출우검역사무소(移出牛檢疫事務所)와 소막(牛舍)이 있던 이곳은 우역검역소가 서구 암남동으로 이전한 후 한일 양국의 표류민(漂流民) 지정 접수처가 되어 소막으로 사용하던 집을 개조하여 임시숙소로 사용하여 썼다. 1945년 해방 후 이곳에다 일본 등지에서 돌아온 귀환동포들을 집중 수용하면서 작은 마을이 형성되기 시작한다. 1951년 1·4후퇴 이후 이곳으로 모여든 전쟁 피란민들도 천막이나 판잣집 또는 소막에서 살기 시작하였으니 오늘날 부산은행 뒷길 189번지 일원이다.

특히 이 집들의 특색으로, 소막일 때의 지붕 위 환기통 등이 그대로 남아 있어 당시 소막의 모습을 그려볼 수 있고, 범일 5동 매축지마을을 닮아 집들도 '나래비'로 늘어 서 있다. 이들 속에는 피란과 함께 와서 피란 음식이 된 밀면 원조집(내호냉면)도 있다.

두 번째, 6·25전쟁 때 피란 와서 정착하여 마을을 일군 경우이다. 서구 아미동 산의 19번지(16통, 17통, 19통) 일대의 일본인 묘지 터에 조성된 세칭 '비석마을'이 대표적이다. 일제 강점기 일본인들은 경사가 급한 고지대 일대 토지를 징발하여 그들의 묘지를 조성했다. 1905년 일본인은 아미동 산록에 공동묘지 부지를 확보하고 1907년에 준공한다. 그리고 화장장도 옮겨온다. 당시 아미동은 일본인 공동묘지였다.

이곳에 6·25전쟁으로 피란 온 피란민들이 모여들었다. 더러는 부산역에서 부산시 공무원이 쥐여주는 '아미동 산의 19번지' 종이 한 장과 담요 한 장 들고 물어물어 찾아오니 비석들이 즐비하게 늘어선 공동묘지였다. 대형 천막을 치고 많은 가호가 나누어 썼다.

그러다가 가호들 사이를 거적때기로, 합판으로 둘러치고, 작대기 등으로 지붕에 서까래를 걸치고 루핑을 얹었다. 후에는 흙벽들을 쌓아 집집을 나누는 경계로 삼았다. 피란민촌, 피란민마을이 되었다. 1950년 아미동공동묘지의 묘역(墓域) 넓이는 약 19,000평에 달했고, 분묘 능력이 9천여 기로 부산중심지에서도 가장 넓은 묘역이었다. 무거운 묘비석과 대석들은 어쩌지 못하고 구들 밑에 놓거나 벽체 속에 끼웠다. 더러는 길바닥에 버려 널브러져 있기도 했다. 그래서 16, 17, 19통 집들에는 이런 빗돌들이 집 안팎에 많이 남아 있다.

시간이 흐르면서 집들이야 옛 모습을 벗고 양옥집으로 번듯이 개조되었으나 마을 골목길은 사람 하나 겨우 지나갈 만한 좁은 길이며 대부분이 계단 길로써 모두 옛날 묘지 길이다. 마을 가꾸기를 하면서 길을 넓히고 진흙투성이 길에 시멘트를 덮었으나 좁고 가파르기는 예와 다름없다.

부산진구 당감동 당감시장에는 피란민촌 '아바이마을'이 있다. 구시장

골목 좌우로 말 마구간이 있어서 여기에 피란민들이 들어와 살았다. 한때 피란민 수용소라 했다. 지붕은 짚으로 이고 외벽과 세대 간 벽을 가마니를 걸쳐 막았고 바닥에도 가마니를 깔았다. 구시장과 남도교회 사이의 블록에 좁고 길면서 미로 같은 골목길이 많은 것은 이러한 이유 때문이라 한다. 거처도 없는 피란민은 땅을 얼마간 파내고 거적때기를 깔고 나무토막으로 기둥을 세우고 가마니로 지붕같이 덮어 움집을 만들어 살았다. 집 지을 재료가 비싸고 구입하기 힘들어 집을 크게 지을 수도 없었다. 그리고 전쟁이 끝나면 곧 고향으로 돌아갈 수 있으리라 기대했기 때문에 이곳은 임시거처였다. 수용소 건너엔 황해도 피란민이 집성을 이루었고, 당감제일교회 북쪽으로 함경도 사람들이 모여 살았다. 그래서 아바이마을이라 했다.

당감초등학교 아래쪽에도 황해도와 평안도에서 피란 온 사람들이 많아서 이북사람들의 마을이 형성되어 있었다. 그리고 중구 영주동과 동구 초량동, 수정 산자락에다 덕지덕지 삶의 둥지를 튼 산동네 마을들도 6·25전쟁으로 피란 이주해온 피란민들에 의해 급조로 조성된 계단 위의 판잣집 산동네이다. 이들 피란민의 주거는 차라리 움막이라야 옳았다. 천막 한 장, 담요 한 장이라도 배급받을 수 있다면 행운이었다. 이들 중에는 가덕도와 거제도 그리고 멀리는 제주도로 분산 수용돼 있던 피란민도 섞여 있었다. 이들은 비바람을 가릴 수 있는 것이라면 무엇이든지 끌어모아 바람벽을 둘러치고 지붕을 얼기설기 얹어 움집을 만들었다. 이들이 주로 우거하고 사는 곳이 동대신동 2가에서 영주터널(부산터널) 윗길, 보수동 1가 - 대청동 4가 - 영주2동 - 초량1동·4동 - 수정 1동·4동·8동·3동·5동 - 범일1동 - 범내골(옛 교통부)로 이어지는 망양로 아래위에 터를 일구고 살면서 산동네를 일구었고(이들 중 상당 부분은 도시의 근린동네로 개발되는 등 변화가 있었지만), 송도 윗길의 남부민동 산동네를 이루었다. 이렇듯 천막집이며 레이션박스집 등의 판잣집들이 골목골목과 길섶 그리고 산허리 할 것 없이 빼곡빼곡 들어선 판자촌은 "났다 하면, 불"이라는 오명(汚名)과 같이 당시 잦았던 화재에 거의 속수무책, 무방비 상태였다.

동구 초량동 45번지, 부산에는 원래 이런 번지수가 없었다. 초량 45번지는 6·25전쟁이 낳은 부산의 또 하나의 피란마을이었다. 지금의 초량3동 정발장군 동상 동쪽길(중앙대로 260번길)의 부두로 가는 지하도 북쪽 항운회관과 부산디자인고등학교(현, 부산과학체험관) 터를 중심한 부근지역 경부철로변이다. 원래 이 일대는 해방 전후를 통하여 경부선철로와 부두의 대차선(貸車線)이 교차되는 철도공한지로서 잡초가 무성한 허허벌판이었다.

허허벌판 철로 변에 마치 외계와 격리된 부산항의 이방지대, 이곳이 초량 45번지였다. 6·25전쟁으로 한국 302항만부대가 남하하여 진주하고 더불어 피란 온 군인 가족들이 부대 주변에 판잣집을 짓고 임시 터전을 만들었다. 비극의 1·4후퇴로 늦게 남하한 피란민들은 이 철로 변 공간 땅에 말뚝을 박고 집을 지었다. 미군의 레이션박스와 깡통으로 만든 외제 판잣집(?)들이 있는가 하면, 골탕 바른 루핑하꼬방도 있고 천막을 둘러친 집도 있었다. 군인 가족과는 아무런 연고도 없으면서 오갈 데 없는 피란민들도 꾸역꾸역 밀려들었고 그야말로 잡다한 사람들이 모이는 인간가족촌이 형성되어갔다. 이들은 먹고살기 위해서 윤락 행위와 마약밀매, 밀수, 도둑, 장물구매자 등으로 무법지대를 만들어 갔다. 6·25전쟁이 빚은 부산의 이단아(異端兒)였다. 이 판자촌은 제4부두 철로가에까지 번져가서 세대구가

145세대, 인구 1만 명을 헤아렸다.

1953년 7월 휴전을 전후하여 이곳 주민을 대상으로 한 개의 동사무소가 생겼다. 초량6동(후에 초량5동)이었다. 그때 이들에게 주어진 번지수가 초량45번지였다(1985년 12월 31일 초량5동은 폐동된다).

부산시장 김현옥(金玄玉, 재임 기간 : 1962. 12. 17~1966. 3. 30)이 강제철거에 나섰다. 주민들은 투석으로 맞섰으나 철모에 방망이든 경찰이 동원되어 주민을 연산동, 서동으로 강제 이주시켰다. 그들이 떠난 자리를 구획 정리하여 제대로 된 시가지를 조성하였다. 잡초와 같은 억센 생활력을 보여 주었던 초량45번지가 역사 속으로 사라지고 말았다.

동구 범4동 안창마을의 경우도 6·25피란민들의 마을이라고 부르지만 속내는 다르다. '안창'이란 후에 붙은 이름이고 마을이 들어서기 전 이곳은 범천(또는 虎川, 호랭이내)의 호랑이가 출몰할 것 같은 최상류 지역으로 사람이 살지 않고 너럭바위에 굽이쳐 흐르는 맑은 물소리에 아랫동네 아낙들이 빨랫감을 이고 와서 빨래하고 바위에 말려 해 질 녘 집에 갔다는 외진 곳이었다. 개구장이 꼬마들이 내를 따라 골짜기로 올라와 가재를 잡고 물놀이 하던 한적한 곳이었다. 공기 좋고 물 좋다는 입소문이 나면서 조용히 살려고 들어온 사람들이 살기 시작한 작은 동네에 노태우 대통령 시절 갑작스레 수요가 늘어난 신발 공장들에서 인력 채용을 늘리자 값이 싸면서도 물 좋고 공기 좋은 이곳으로 거처를 구하기 위해 여공들이 올라와 자리 잡기 시작했다.

86아시안게임으로 관(官)의 간섭이 느슨할 때 안창마을의 약삭빠른 사람들은 밤새 루핑지붕을 얹은 판잣집 한 채를 뚝딱 지었다. 국가소유지에 들어선 것이다. 때맞추어 6·25전쟁으로 피란 온 오갈 데 없는 피란민들도 이곳 골짜기로 흘러들어 마을이 더 크게 확장되었다. 오늘날의 안창마을이다. 안창마을엔 지금도 옛 움집 형태가 슬래브 양옥집으로 변해온 과정을 한눈에 볼 수 있는 집이 남아 있다. 초창기의 안창마을을 짐작할 수 있다. 요즘 이 마을의 오리고기 요리 집이 인기를 끌고 있다.

중구 영주1동 11통 일부의 충효촌(忠孝村)도 6·25전쟁의 영향을 입은 바 큰 이주정착마을이다. 마을을 이루고 있는 본래 주민은 중국 산동성 화교들로서, 청나라 멸망 후 공산화된 중국을 피해 대만 국적으로 우리나라로 건너온 화교 정치난민들이었다. 이들은 광복 이후 인천과 서울에 살다가 6·25전쟁으로 부산으로 피란 와서 정착한 사람이 대부분이다. 당시 청관조계지인 이곳은 비탈진 공동묘지여서 미군정의 협조를 얻어서 집터를 조성하고 주민들 힘으로 양철지붕, 나무판자지붕을 얹어 마을을 이루었으며, 주민들은 단순노동(부둣일, 바다매립 등)을 하면서 힘겹게 살아왔다. 근대 현대교육을 받은 2세들은 마을을 떠나 전문 직종(약사, 한의원, 중국음식점) 따라 거주지를 옮겨 살고 있다. 그러나 그들의 늙은 부모를 공양하기 위해 수시로 마을을 찾으면서 '예의를 숭상하는 마을'이라 하여 충효촌이라 했다.

2003년 이 일대가 공동화 되는 것을 우려한 마을에서 '충효촌지역주택조합'을 결성하여 우남 이채롬 아파트를 건립하여 옛 모습을 일신하므로 충효촌은 사라졌다.

세 번째, 전쟁으로 인한 의용군인(상이용사, 傷痍勇士)들의 집단마을인 전포동 의용촌이다. 1957년 5월 전포2동 산65-2일대에 미국 스펠만 대주교의 성금과 육군 장교 성금으로 주택 86동을 건립하여 전국에서는 처음으로 6·25전쟁 참전 중 상이용사 집단마을이 설립되었다. 당시 육영수 여사 성금 등으로 피복인쇄자활복지공장도 설립되었다(1972). 1978년 1, 2급 중상이자 국가유공자 64세대 중 50세대가 전포동에서 북구 덕천3동 427-12번지에 집단 이주하여 의용촌을 이루어 지금껏 살고 있다.

네 번째, 화재 등으로 마을이 집단으로 이주하여 정착된 마을이다. 1953년 11월 발생한 부산역전 대화재와 1954년 용두산 판자촌 화재이재민(罹災民)을 위해 이재민주택을 짓고 이재민을 이주 정착케 하여 생긴 마을이다. 당시 화재이재민의 딱한 사정을 직접 본 유엔군 부산군수사령관(준장) 리차드 위트컴 장군이 한국군사지원프로그램(AFAK) 자금과 부산시비로 111세대의 이재민주택을 짓고 이재민을 이주케 했다. 부산진구 양정2동 동의의료원으로 올라가는 입구에 178cm의 '부산시 화재이주민주택 준공기념비'가 서 있다. 영도 청학1동 청학초등학교 부근에도 이재민주택 109채를 건립하여 이재민을 이주 수용하였다.

영도구 남항동 남항초등학교와 부산영상고등학교 사이의 좁은 골목길 안에도 화재이주민이 정착하고 있다. 1951년 대평동 사창가 일대에 일어난 큰불로 일대가 초토화될 때 이곳으로 이주하여 정착한 이재민들이다. 지금은 외양이 양옥집으로 바뀌었지만 내부는 옛 판잣집 몇 개를 이어 붙여 놓은 것으로 각기 방 높이가 다르며 집이 좁아 큰 물통, 연탄들을 사람 하나 겨우 다닐 좁은 골목에 내다 놓고 있다.

다섯 번째, 종교집성마을이 집단 이주하여 정착한 사하구 감천동 태극도마을(현 감천문화마을)의 경우이다. 본래 감천2동은 마을 입지가 산비탈

이어서 사람이 살기에는 부적합한 곳이었다. 이곳에 오갈 데 없는 사람들이 찾아들어 움막을 이루고 살던 것이 해방 후 그 수가 늘어 판잣집과 초가 40여 채에 이르렀다. 그러던 마을에 중구 보수동에서 터를 일구고 살던 태극도 신자들이 집단으로 이주해오면서 신앙촌을 이루게 되었고, 마을은 태극도인들로 넘쳐났다. 1958년 도주 조철제(조천자, 조증산)가 사망하기 전까지 감천2동은 태극도인 천지였다. 태극도인이 감천2동으로 이주하게 된 것은 1955년 7월 제3대 국회부의장 조경규(趙瓊奎)가 당시 보수동 태극도본부를 방문하여 국제항 부산의 면모일신을 위해 교인들 판잣집을 철거를 의논하면서였다. 드디어 1,000여 호의 대가족을 감천2동으로의 이주를 결정한다. 정부로부터 보수동 도인촌을 철거하는 동안 임시거주 천막 50동도 지원받았다. 철거 자재와 가재도구를 무상으로 수송해 주기로 지원받았다. 반달고개(감천고개)에 사무실을 두고 이주업무를 추진하였다. 교비를 풀어서 국유지는 권리금을 주고, 사유지는 매입하여 감천2동전 지역을 9개 구역으로 구분하여 교인을 분산 수용하였다. 태극도본부는 5감(산의 105번지)에 두었다. 그래서 도인들의 주소는 모두 감천2동 105번지이다. 7월 말에 시작한 철거 이주는 10월 말경에야 800여 호 입주 정착에 성공한다. 1977년부터 판자루펑집을 스레트지붕으로 개량하고 1980년대엔 시멘트벽돌 슬래브 지붕으로 개조한다. 1978년 감천고개에 물탱크를 설치하여 아미배수지를 만들어 상수도를 설치한다. 교리공부 외에는 거부했던 학교 교육이 정착하여 교육 열의가 높아지면서 소위 '학교물' 먹은 자녀들은 하나둘 태극도인마을을 떠나갔다. 이후 도인들도 살길을 찾아 떠났다. 사람들이 떠나간 자리에 교회도 들어오고 여호와증인, 사찰도 들어오는 등 타종교받이도 함께 사는 마을이 되었다.

2009년 문화체육관광부 마을프로젝트 〈꿈을 꾸는 부산의 마추픽추〉 2010년 콘텐츠관광협력사업공모 〈미로미로 골목길 프로젝트〉 등으로 감천2동 마을이 일신하여 마을 이름도 '감천문화마을'로 바꾸어 부르고 있다.

가파른 산허리에 따닥따닥 붙은 집들이 마치 기차 열차 칸을 길게 이어 붙인 것과 같다고 해서 '기차 곱배집'으로 부르는 등 산허리 정착마을 특유의 주거환경을 이루고 있어 볼거리를 제공한다.

여섯 번째, 도시기피자들의 피란처가 된 이주정착마을이다. 남구 문현 1동 15통의 돌산마을의 경우이다. 부산정보고등학교 북쪽 산허리에서 산등성이에 이르는 마을로 전포동과 문현동의 공동묘지였던 이곳에 사람들이 집을 짓고 살기 시작한 것이다. 묘지와 묘지 사이에 움막을 짓고 무너진 무덤 곁에 바짝 붙여서 집(움막)을 짓고 살았다.

사업하다 실패하고 돈 떼이고 오갈 데 없어서 도피해 온 사람들이 이름을 숨기고 살았다. 그러던 이곳에도 6·25전쟁 피란민들이 우거하기 시작하여 이주민들이 늘어났다. 15통장 황숙이의 노력으로 마을에 벽화도 그리는 등 마을 변화에 노력해온 덕에 판자벽에 루핑지붕, 스레트지붕을 함석지붕으로 바꾸었다. 그러나 무덤과 무덤 사이를 비집고 들어선 집들의 상황은 최악의 주거환경이다. 그런 마을에 최근 마을재생사업을 한다며 마을을 비우고 아파트를 짓겠다고 한다. 돌산마을(횡령마을, 해골마을)도 사라지게 되었다.

서구 서대신동 6-3번지와 산 9번지 일대의 꽃마을은 옛날 부산과 구포·양산·밀양을 잇는 통로였던 구덕고개에 도로 공사를 하면서 사람들이 구덕산기슭에 모여들어 마을을 이루게 된 경우이다. 이후 도시생활에 찌든(실증 등) 사람들이 피란처로 찾아들어 움집을 이루고 살았는데, 6·25전쟁의 피란민들이 몰려오면서 마을 규모가 커졌다. 봄·여름이면 지천으로 핀 야생화를 꺾어 시내 다방, 상가 등에 팔아 생활수단을 삼게 되었고, 김해 화훼단지가 성공하는 것을 보고 국화단지를 일구어 1970년 경이면 마을이 꽃 천지가 되면서 '꽃마을'이란 닉네임도 얻었다. 1980년에야 이 마을 진입로가 포장되고 마을버스가 운행된다. 승학산, 구덕산으로 산행하는 사람들의 경유지가 되는 등 사람들 통행이 빈번해지고 마을도 영세촌락에서 신흥주택지로 탈바꿈하였다.

일곱 번째, 부산시의 도시계획정책으로 인한 도시재생과 도시구획 등으로 철거민이 이주하여 정착한 마을의 경우인데, 이로 인하여 자연마을이 분동(分洞)되는 등 마을에 큰 변화를 가져온다.

그 대표적인 경우가 해운대구 반송동이다. 반송동은 운봉산(雲峰山)과 절터산, 진들개산, 무지산 등이 담처럼 둘러싸고 있어 '담안골'이라고 부르기도 하며 멀리 북쪽에 개좌산이 솟아 있는 전형적인 자연마을이었다. 이곳이 1968년부터 1970년 사이에 부산시내 철거이주 거주지로 결정되어, 수정동 고지대 철거민 2,924세대는 반송1동으로, 수정동과 조방부지 철거민 2,100세대는 반송3동으로 그리고 반송2, 3동은 1972년 구덕수원지 수원지구 이주민과 초량·영주지역 고지대 재개발사업 시행에 따른 철거이주민이 이주정착하였다.

반송2동을 윗 반송이라 하고 반송1, 3동을 아랫 반송이라 부른다. 이들 이주민들이 정착한 마을에 시영 2층 건물들이 들어섰다. 1, 2층 입주자들이 모두 달랐다. 이질적인 이주민들에 의하여 한동안 불편했던 본동 거주민들은 차츰 동화되어 가는 정착민들을 싸고 안았다. 부산시에서 주관한 이주사업이므로 더러는 이주정착한 주거가 본래 살던 열악한 옛 집들보다 나았다고 한다.

여덟 번째, 시민들이 기피하는 특수병을 앓는 환자(한센병)를 위한 이주정착마을인 경우로 남구의 용호2동 용호농장마을이다. 용호농장마을은 용호2동 산 185-1번지의 오륙도 근방에 자리하고 있었다.

지금은 SK뷰 아파트 건립으로 사라져버린 마을이다. 1909년 이후 감만동 '부산나병원'에서 수용 중이던 한센환자들을 조선총독부가 소록도로 강제 이송시키자(양성환자), 함께 가기를 반대하는 가족들은 윤창수 원장이 주동이 되어 200여 명의 연명으로 한국 정부에 호소하여 허락을 받아냄으로서 이들 270여 명의 한센병 음성환자들이 이곳에 정착할 수 있게 된다.

물론 용호본동 주민들의 반대도 만만찮았지만, 1946년 3월부터 7월까지 야음을 타서 바다로 배편으로 이송하여 이주를 마쳤다. 이들 음성환자들은 용호농장을 경영하면서 닭과 돼지를 치고 자활의 길을 걷는다. 시간이 흐르면서 거의 떠나고 60여 명만 남아 있다가 SK뷰 아파트 건설로 이들마저 정관 등지로 사라져 버렸다.

그리고 영도구 청학1동 16통 끝에 위치한 해돋이마을은 부산의 피란민수용소에서 시작하여 지금까지 거주지로 남겨진 장소이다. 일제 강점기에는 공동묘지였고, 6·25전쟁 시기 전쟁포로 제1수용소가 설치되다가 휴전 이후 제18난민수용소로 활용되었다. 그리고 피란민이 지속적으로 모여 살면서 정착한 마을이다. 열악한 판잣집이 밀집해 있었으나 가장 먼저 해가 뜨는 마을이라 하여 이른바 '해돋이마을'이라 불리게 되었다.

이외에도 중·동·서구의 산복도로와 산동네 등도 6·25전쟁 피란민의 이주정착지였다. 부산의 원도심 평지에서 산등성이로 오르는 계단 위는 모두 피란이주자들의 정착마을이다. 그런가 하면 가덕도 외양포 마을처럼 일제 강점기 시절 포 진지 설치를 위해 주민들이 강제 퇴촌당한 후 해방이 되자 마을 입주자를 추첨하여 입주 정착한 경우도 있다.

이렇듯 부산의 이주정착마을의 특징적인 요인은 1950년의 6·25전쟁 발발로 인한 피란민 이주로 생겨난 정착마을이며, 해방과 더불어 귀환한 귀환동포들에게 정부가 제공한 정착마을이 대세를 이룬다.

4. 이주정착마을의 변천 추이(推移)

부산의 이주정착마을은 해방 후의 귀환동포 정착촌과 6·25전쟁 피란민들 정착마을이 많다. 이들은 지극히 열악한 환경에서 이주하여 어렵사리 정착하였으므로 초창기의 마을 형태는 거의 원시성을 방불케 할 수밖에 없었다.

이른바, 거적때기를 두른 움집 형태이거나 묘지에 천막을 둘러친 서너 평 정도의 비바람만 겨우 피할 수 있는 열악한 주거였다. 시간이 흐르면서 볼박스나(여건이 좋으면 깡통을 펴서 이어 붙여 만들었다) 나무판자를 둘러치고 천막지붕을 인 주거 형태로 발전하였고, 흙벽을 치고 루핑지붕을 올렸다 (안창마을은 70년대까지 판잣집에 루핑지붕이었다). 그리고 스레트지붕으로 개량 되고, 80년대에 이르러 시멘트 벽돌벽을 쌓은 슬래브집으로 개량된다. 그 시기가 조금씩 시차가 있을 뿐 거의가 이와 같은 수순을 밟는다. 경제적인 여유가 생기면서 이사를 가서 빈터인 이웃집을 구매하여 집도 넓히고 2층 건물까지 건립한다. 그리고 골목길에도 하수관을 묻고 시멘트로 마감하 여 차츰 생활환경이 조금은 여유로워졌다.

그러나 매축지마을의 경우는 이와 달라서 일본군 징집병 임시체류주 거로 대나무오리로 발을 엮어 안팎으로 진흙을 발린 초벽을 쳐서 가건물 을 지었으며, 이후 슬래브 양옥집 형태로 변한 집도 있지만 좁은 골목길 등은 그대로인 여전히 초기의 모습에서 크게 변하지 않은 주거환경이 대 체로 남아 있다(우암동 소마구마을은 지붕 위에 환기창을 둔 옛 소마구 시절의 모습 그 대로인 집도 있다).

근래에 이르러 막돌 골목계단을 시멘트 계단으로 단장하고 계단에 그 림도 그리고 골목벽체에도 벽화(?)를 그리는 등 환경을 개선하려는 지자 체의 노력이 엿보인다. 1970년대 산복도로 조성은 산꼭대기 산동네 사람 들의 도심 내왕에 큰 도움도 주고 있다. 그러나 일련의 재생사업들이 주민 들의 생활편의에만 치우쳤지 주민들 정서에는 미치지 못하여 계단의 위 치, 높이의 적절성과 산복도로 개설로 인하여 도로 위아래 주민들의 소통 단절 등은 전혀 고려치 않는 일방적인 사업이어서 앞으로의 마을재생사 업 구현 시 참고해야겠다.

5. 에필로그

2000년 후반에 이르면서 문화체육관광부의 마을 프로젝트, 도시창작 프로젝트 등의 마을 가꾸기 문화사업들이 이주정착마을에 펼쳐지면서 과거 어두운 기억들만 쌓인 정착마을들이 점차 밝은 표정의 문화마을로 변신하는 등 변화하는 모습을 보이고 있다. 그러나 마을의 변화는 외형변화에 있는 것이 아니라 정착주민들의 의지에 있는 것이어서 마을주민들의 마음을 열, 마을 프로그래머들의 헌신적인 열정이 없으면 참관자에 머물고 말 우려가 크다. 마을사람들의 적극적인 참여를 도출해내는 것이 우선적이어야겠다는 말이다. 보여주기식 행정에서 벗어나야 한다. 때로는 마을 프로그래머는 24시간 마을주민과 함께 살면서 동화된 의식으로 정착한 마을의 특징을 이루고 있는 공동관심사의 특수성을 찾아서 지금과 앞으로의 삶에 녹아들도록 머리를 맞대고 연구하는 열성을 주민들이 느끼도록 하여야 한다.

여러 가지의 요인으로 조상 대대로 살아왔던 삶터를 버리고 또는 떠나서 새로 정착한 마을에서 새로운 환경을 만들어가기란 쉽지 않다. 이질적인 집단이 쉽게 동화되기를 바라는 성급함이 때로는 마을과 동떨어진 어쩌면 소외감으로 공동집단에서 멀어질 수도 있다.

아직껏 불량주택(?) 환경에서 벗어나지 못하는 영세주민들의 보호 등도 고려되어야 할 것이다. 이제는 부산에 정착하여 부산시민으로서의 보람과 긍지를 가지고 제2의 고향 부산시민임을 자랑스레 생각하는 공통된 사고를 가지는 정착마을이여야 한다.

시인·칼럼니스트

1987년에 등단하여 35년째 작품 활동을 하고 있는 시인이다.
부산 관련 연구나 음식문화에 대한 글을 다양한 언론매체에
칼럼 형식으로 연재하고 있다. 부산학과 현장인문학을 연구하고
최원준 ● 시민들과 함께하는 문화공간 '수이재'를 개설, 대표를 맡고 있다.

부산의 이주정착민들
어디서 살았나?

최원준

'부산의 마을'은, 광복과 한국전쟁의 과정 속에 고향을 등진 사람들의 궁핍했던 삶이 '눈물처럼 고여 있는 공간'이다. 부산은 대한민국 근현대사의 높은 파고를 견뎌낸 곳으로, 팔도의 사람들이 부산에 정착하며 만들어진 '이주민의 도시'이기에 그렇다. 실핏줄 같은 골목길을 따라 다닥다닥 집들이 들어서고, 고만고만한 집들이 서로의 상처를 보듬으며 독특한 마을을 형성한 것이다.

그래서 부산에는 한국 근현대사의 질곡을 고스란히 안고 있는 마을들이 많다. 해방공간의 귀환동포들이 '일본인 공동묘지'에 터전을 잡았던 '아미동 비석문화마을', 일본군 비행기 격납고에 집을 들여앉힌 '대저동 격납고집 마을', 일제 강점기 때 소 검역소의 외양간을 집 삼아 살아온 '우암동 소막마을'과 한국전쟁 시기를 중심으로 곳곳에 지어진 피란민들의 거처였던 '산복도로 마을'들… 모든 구구절절한 사연이 빗물처럼 스며있는 곳이다.

이러한 여러 가지 이유로 고향을 떠나 타향인 부산에 정착, 부산사람이 되어간 이들의 이주정착지인 '부산의 이주정착 마을'들. 사람이 살 수 없는 공간을 가족의 보금자리로 만들어 살아야만 했던 그 시절 사람들의 거처를 들여다봄으로써, 그 시절 부산사람들의 삶의 역정을 조금이나마 들여다 보고자 한다.

외양간에서 사람이 살다 - 우암동 소막마을

'우암2동 새마을금고' 쪽 '우암번영로'를 따라 길을 오르면, 슬래브 건물들 사이로 'ㅅ' 자 지붕의 단층집들이 몇 채 보인다. 어떤 집들은 지붕이 반쪽만 남아있는 비정상적인 구조를 가진 곳도 있다. 푸른색으로 방수 페인트를 칠한 지붕 위에는 환기구가 설치되어 있는데, 일반 집들과는 구조가 조금 다르다.

이 주택들은 일제 강점기 때 전국의 소들을 모아두고 일정 기간 검역, 관리했던 '소막(牛舍)'들이었다. 당시 소막의 지붕이나 환기구 등이 그대로 남아있어, 그 시대 소막 구조를 엿볼 수 있는 귀중한 근대사 자료이기도 하다.

일제 강점기 시절, 일본은 해마다 많은 수의 '조선 소'를 일본으로 반출해 갔는데, 1909년에는 이들 소에 대한 검역사무를 보는 이출우검역소(移出牛檢疫所)를 우암동에 둔다. 1930년만 해도 연간 최대 5만여 마리의 양질의 소가 헐값에 일본으로 건너갔다. 조선의 소 70%가 이곳을 거쳐 반출된 것이다.

때문에 우암동은 소막과 더불어 검역소, 소 화장터 등, 소와 관련된 여

우암동 소막집

러 시설들이 소재했던 곳이다. 소막은 1동을 2칸으로 나누어 한 칸에 60여 마리를 수용했고, 이 소막이 19개 동이 있었다.

광복 후 일본 귀환동포가 부산으로 대거 몰려들자, 이들을 임시로 소막에 수용하기에 이른다. 그리하여 소막의 3~5평을 얻어 집단적으로 터전을 잡은 것이 바로 '소막마을'이다.

이곳 소막에서 귀환동포들은 소 한 마리 수용하는 각각의 외양간에 한 가구의 가족이 열악한 시절을 보내야 했던 것이다.

부산의 근현대 이주정착의 역사가 고스란히 녹아있는 우암동 소막

마을. 그것도 현재까지 그 시절의 건물구조와 삶의 흔적을 그대로 간직한 채 남아있어, 부산의 시대상을 온전히 엿볼 수 있는 귀중한 자료이기도 하다.

비행기 격납고에 집을 들이다 – 대저동 격납고집

"이 집은 원래 비행기 격납고였어요. '아까돔보(빨간 잠자리)'라고 잠자리비행기 알지요? 일본군들 훈련 비행긴데 '빨간 잠자리비행기'라고 '아까돔보'라 하데요. 이 '아까돔보'를 한 대씩 넣어두던 격납고가 바로 이 집이라. 마을 주변으로 20개나 있었어요. 지금은 공항 넓히고 한다고 다 헐리고 4곳만 남아 있지요." 대저동 신평마을의 이상렬(64세) 씨의 말이다.

대저동 울만리 신평마을. 김해비행장 서북쪽, 제5공군전술비행단 부대의 담과 이웃한 마을이다. 이곳에는 1940년대 일제 강점기 시절, 일본군

대저동 격납고집

비행기 활주로와 격납고가 있었던 곳. 이 마을 몇몇 가구는 현재 일본군 비행기 격납고를 개조해 가정주택으로 사용하고 있다.

태평양 전쟁이 치열했던 시절, 일제는 비행기 활주로를 만들기 위해 원주민을 강제이주 시킨다. 그리고 인근의 주민들을 동원해 칠점산과 평강천 너머 덕도산을 깎아 비행장 활주로와 격납고를 건설한다.

일제가 패망하자 다시 이곳에 귀환동포와 원주민들이 돌아와 마을을 이루는데, 이때 남아있던 비행기 격납고를 주택이나 창고 등으로 활용하기 시작했던 것. 이때 몇몇 사람이 갈대밭을 개간하여 논도 일구는 등 농사를 짓기 위해 정착을 한다.

처음에 격납고를 불하받고 보니 격납고 안이 흙으로 꽉꽉 들어차 있었단다. 격납고를 채 완성하기도 전에 일제가 패망하여 버려두고 간 것. 격납고 안의 흙을 몇 달 동안 파내어 집을 들여앉힌 것이 바로 '격납고집'이다.

격납고는 측면으로 둥근 지붕을 2단으로 만들었다. 비행기 앞부분이 들어갈 앞의 지붕은 크고 넓게 만들고, 비행기 꼬리의 격납고 뒤편은 지붕이 작고 낮다. 정면 20여 미터, 측면 12여 미터, 높이 4미터 정도의 크기다. 현관이 있는 정면은 병영 막사처럼 반원 형태를 하고 있는데, 양옆이 길게 벌어져 있다.

이 격납고집은 부산의 근대건축물 중 아주 귀중한 전쟁 문화재이다. 더구나 질곡의 근현대사를 신산하게 살아온 서민들이, 피곤한 몸을 뉘었던 곳이기도 한다. 더 훼손되기 전에 보존 방법을 찾아야 할 시점이다.

묘지에 집을 올리다 - 아미동 비석마을

　부산 서구 아미동 산 19번지. 아미동 산상교회 주변에서 감천고개에 이르는 아미로 왼쪽 마을은, 일제 강점기 시절 일본인 공동묘지가 있었던 곳이었다. 1907년 일본인 거류지역에 산재해 있던 공동묘지를 이곳으로 모두 옮긴 것. 총넓이가 2만 4천여 평 정도의 규모였다 한다.

　광복 후 일본 귀환동포와 한국전쟁으로 인한 피란민들이, 이곳 일본인 공동묘지 위에 임시 거처를 만들고 생활을 하게 된다. 당시는 일본인 묘지의 비석 위에 거적때기나 비닐, 루핑 등으로 비바람이나 막을 요량으로 얼기설기 임시거처를 만들었던 것.

　그 후로 묘비를 제거하고 묘지 둘레석에 판잣집을 들이고, 그 이후에는 슬레이트집 등으로 집을 올리게 된다. 그렇게 무덤 위에 집을 짓고 살기 시작한 것이 지금의 '비석마을'을 형성하게 된 것.

아미동 비석마을

일본의 납골묘.
일본인 묘는 우리나라와 달리 시신을 화장하여
그 유골을 함에 담아 안치한다.

묘지 규모가 3~7평 정도가 되니, 집도 그 평수 정도였다. 공동묘지 위에 생활 터전을 세웠기에 '삶과 죽음', '사람과 영혼'이 함께 공존하는 공간이 형성되었던 것이다. 때문에 이 일대의 골목과 집 주변 곳곳에는 묘지 비석과 상석들의 흔적이 아직도 남아있다.

집의 주춧돌이나 댓돌로 쓰이기도 하고, 오르막길 계단이나, 석축, 담벼락 등에 하나둘 쯤 비석이 박혀있는 모습을 쉽게 볼 수도 있다. 비석에는 '가문의 문양'과 '대정(大正)', '소화(昭和)' 등 일본의 연호가 새겨진 것을 볼 수가 있다. 대부분 오랜 세월에 글자가 지워져 흔적이 흐릿하지만, 몇몇은 아직도 죽은 자의 이름이 선명하게 각인된 빗돌도 남아있다.

몇 년 전 산상교회 앞 도로를 넓히면서 일본인 묘지 위에 들어앉힌 집과 다량의 비석들이 발굴되었다. 우여곡절 끝에 이 '비석집'은 보존이 결정되어 그 원형을 들여다볼 수 있게 해놓았다. 그나마 다행한 일이다.

징용 막사에서 삶을 뉘이다 - 범일동 매축지마을

매축지마을은 말 그대로 바다를 매축하여 뭍을 만들고, 그곳에서 사람들이 들어와 살면서 형성된 마을이다. 일제의 병참 기지와 군수물품 야적장으로 활용되던 매축지는 일제가 패망하기 전 징용군을 수용하기 위한 임시막사로 건설된다. 조선의 젊은이들을 전쟁터나 군수공장으로 보내기 전 이곳에서 임시로 수용했다가 부산항 4부두를 통해 일본으로 보내졌던 것.

일제가 패망 후 이 자리에는 외국에서 돌아온 귀환동포들이 임시막사를 나누고 개조하여 살기도 하고, 뒤에 온 이들은 공터에 천막을 가설해

범일동 매축지마을

살기도 하면서, 자연스럽게 매축지 마을을 형성하게 된다.

매축지마을 남쪽 지역(성남이로길)에는 아직도 당시 막사 형태를 유지한 건물이 줄을 이어 자리하고 있다. 두 사람이 지나가기에도 힘들 정도의 골목을 사이에 두고, 5평 정도의 집들이 마주 보고 있는 형태다.

집이 작아 주방이 따로 없기에 문 앞에 부엌을 두고 세탁기, 물통, 빨래 등 세간들을 놓아둔 것이 마음에 걸린다. 화장실 또한 공용으로 만들어 사용했는데, 한때 마을 공중화장실이 90여 개나 되던 시절도 있었단다. 때문에 매축지 마을에는 '2개(부엌, 화장실)는 없고 3개(빈집, 공중화장실, 노인)는 많다'는 자조 섞인 말이 나돌기도 했다고.

지금은 대부분의 주민이 나이 많은 어르신들로, 거의가 50~60년 이상 이 마을의 터줏대감으로 살아가고 있다. 큰 화재와 태풍 등으로 마을이 사라질 위기에도 끈질긴 생명력으로 다시 일어났던 그들이다. 그러나 재개발 계획에 의해 마을이 철거되거나 철거될 예정이라 아쉬움이 남는다.

일본군 부대에 마을이 서다 - 가덕도 외양포마을

'1백 년 전의 마을', 외양포(外洋浦). 외양포는 가덕도 남쪽 맨 끝의 갯마을이다. 이 마을은 1백여 년 전, 일본군 제4사단 휘하 '진해만 요새사령부'가 주둔해 있었던 뼈아픈 장소. 일본의 대륙침략 전초기지 역할을 했던 곳이다.

1905년 일본군은 러시아와의 전쟁을 대비해 기존의 마을을 통째 소개하고 포대사령부를 설치한다. 군 막사와 무기창고, 우물과 수리시설 등

가덕도 외양포마을 옛 무기창고 건물 주택

을 완료하면서 '진해만 요새사령부'의 주둔지가 된 것이다.

외양포에는 현재 23여 호, 33세대가 살고 있다. 이들이 살고 있는 집은 모두 그 시절 요새사령부 관련 건물들. 헌병대 막사, 무기창고, 장교사택, 사병내무반 등을 지금껏 수리해 사용하고 있다. 아직 군 소유지로 묶여있다 보니 옛 모습 그대로 남아있는 것. 해방 후 인근 마을 무주택자들을 중심으로 군에서 장기 불하해 지금에 이르고 있다.

마을 중간쯤에 있는 사병내무반 건물. 마을에서 제일 큰 건물로 현재 4가구가 살고 있다. 사는 집에 따라 지붕이 4가지 색으로 나누어져 있다. 건물은 하나지만 지붕의 색과 모양은 가구마다 달라 구별이 된다.

마을을 돌아보니 그런 집들이 많다. 사령부 대장사택도 그렇고, 장교막사도 그렇다. 여러 가구가 한 건물을 나누어 쓰다 보니, 어떤 가구는 새로이 함석지붕을 얹었고, 어떤 가구는 옛 기와지붕에 에폭시 방수처리를 한 지붕도 있다. 원 목조건물에 기와가 그대로 보존되어 있는 건물도 있고, 함석으로 만든 집들도 있다. 현재 해군의 '군사시설지역'으로 묶여 일본군 막사 건물들이 아직까지는 원형 그대로 남아있다.

한 마을 전체가 '일제 강점기 시대' 때 얼굴을 그대로 갖고 있는 외양포 마을. 일제 침략의 기억이 아직까지 속속들이 남아있는 곳이다. 때문에 뼈 아픈 식민지 시대 역사의 통절한 반성과 교훈의 장소이기도 하다.

적산가옥을 물려받다 - 대저동 일본인 가옥

대저1동 대저중앙로 쪽을 거닐다 보면 왜색풍의 주택들을 심심찮게 볼 수 있다. 일제 강점기 시절 지어져 오늘에 이르기까지 남아있는 일본 전통건축양식의 가옥들이다. 이곳 신촌(新村)마을 일대는 일제 강점기 동양척식주식회사가 낙동강제방공사로 확보한 농지를 '배 농사'에 활용했던 곳이다.

일제는 대저의 배 농사를 위해 일본인 영농희망자들에게 각종 혜택을 주어 이곳에 정착케 한다. 일본 규슈지역의 사람들이 주로 이주해 왔는데,

대저동 일본인 가옥

그들은 살 집을 짓기 위해 건축자재며 정원수에 이르기까지, 모두 일본에서 가져와 일본전통방식으로 가옥을 마련했다.

현재 대저동에 남아있는 일본식 주택은 10여 채. 그중 보존상태가 양호한 곳은 네댓 채 남짓. 아직도 생활공간으로 사용되거나 식당, 별장 용도로 활용되고 있다.

특히 부산시 근대건조물로 지정된 '낙동강 칠백리 식당(폐업)'과 양덕운 씨 가옥이 대표적인 공간이다. 양덕운 씨 가옥은 거의 원형으로 보존되고 있다. 일본식 정원도 잘 가꾸어져 있고, 다다미방까지 원형 그대로 보존하고 있어 둘러볼 만하다. 공항로 1347번 길 36에 자리한 '낙동강 칠백리 식당'은 일제 강점기 1926년에 지어진 일본식 목조 가옥으로, 지붕이 복층 형태를 띠고 있는 수려한 건조물이다. 집 앞의 잘 늙은 백 년 소나무가 집의 운치를 더한다.

박홍목 씨 집 입구에는 1.5m 높이의 방공호 같은 구조물이 자리하고 있다. 전체를 돌로 쌓고 평평한 지붕을 콘크리트로 타설한 '배 저장창고' 이다. 7~8평쯤 되는 창고는 한때 월동 배를 저장했던 곳. 이 '배 창고'는 월동하는 배를 저장하는 곳인데, 주로 금촌추(今村秋), 만삼길(晩三吉) 등의 '일본산 월동 배' 품종을 저장했단다.

일본식 가옥들은 지나간 근대의 역사가 현재의 시간과 공존하며 함께 세월을 보내는 곳이다. 이들 일본식 가옥들은 '대저 배의 역사'와도 궤를 같이한다. 이미 역사의 뒤안길에서 서서히 잊히고 있는 '대저 배'는 우리 부산의 귀중한 근대사이자 문화유산이다. 대저 배의 역사를 보존하려면, 지역의 '일본식 가옥'과 '배 저장고'부터 보존해야 하겠다. 일본식 가옥의 보존은 근대 부산의 역사를 보존하는 것이기도 하다.

부모가 장성한 자식을 업고 있듯 – 가분수집들

가분수. 수학용어 '분수' 중에 분자가 분모보다 더 큰 수를 이르는 말이다. 부산 몇몇 곳에는 '가분수'처럼 아래층보다 위층이 '넓고 큰' 형태의 집들이 더러 있다. 일명 '가분수집'이라고 한다. 주로 이주정착마을에 옹기종기 모여 있는데, 아미동 비석마을과 감천마을, 우암동 일대의 마을에 이런 '가분수집'들이 상당수 들어앉았다.

가분수집과 골목

그럼 왜 부산에 이렇게 독특한 구조의 '가분수집'들이 모여 있을까? 해방과 한국전쟁 공간에서 부산은 일시에 몰려든 귀환동포와 피란민들로 넘쳐났다. 이들이 부산에 정착하면서, 허허벌판 위에 천막집이나 수용소의 판잣집, 심지어 소검역소인 소막 등에서 신산한 그들의 삶을 이어간다.

그래 봐야 한 가족이 함께하는 주거공간은 3~5여 평. 이 공간에서 이들은 희로애락의 삶들을 꾸려가게 된다. 천막집에서 판잣집으로, 천정에 다락을 들인 슬레이트집으로, 그리고 작지만 든든한 슬래브 집으로… 재산을 늘리듯 집을 늘리며 가족을 건사하고 보호했던 것이다.

자녀들이 장성해 더 넓은 공간이 필요하게 되자, 이들은 다락방을 늘려 2층 형태의 집을 짓게 된다. 주로 자녀들이 생활하는 2층을, 1층보다 한 뼘 정도 더 크게 짓는 것이다. 부모의 공간보다 위층 자식들 공간을 더 넓게 지어줌으로써, 자식들이 조금이나마 더 넉넉한 공간에서 편안하게 생활할 수 있기를 바라는 마음에서다.

그래서 '가분수집'은, 마치 부모가 장성한 자식을 업고 있는 모습이다. 타지의 찬바람을 묵묵히 참고 견뎠을 자식들에게, 우리네 부모들이 선물

한 '가없는 내리사랑'을 쏙 빼닮은 집이기도 하다. 때문에 '가분수집'에는 벽돌 하나하나마다 가족의 애틋한 사연들이 켜켜이 쌓여있다.

혹시 부산의 골목을 걷다가 이러한 집들을 우연히 발견하게 된다면, 이 '가분수집' 안에 쟁여져 있는 우리 '부산사람들'의 힘들었지만 가슴 따뜻한 가족사를 한 번 반추해 보는 것도 좋은 일이겠다.

부산의
마을 —————————
해방 전후

강서향토사 연구소 연구위원

부산의 사 분의 일(약 23%)이 되는 넓은 면적을 가진 강서구는
가장 역동적으로 변화하고 있는 지역입니다. 급격한 산업화와 신도시 건설,
인구의 증가로 향토문화유산이 사라져가는 것이 안타까워

배종진 ● 이를 보존하고 흔적을 남기려 노력하고 있습니다.

일제는 왜 강서의 땅을
탐(貪)했는가?

배종진

대저의 봄은 배꽃(梨花)으로 시작되었다.

철새처럼 갈대밭을 찾아든 사람들

"인류의 정착은 습지의 갈대를 제거하면서부터 시작되었다"고 한다. 대저도(大渚島)의 주민들도 하나 둘씩 철새처럼 갈대밭을 파고들면서 둥지를 틀고 정착을 하였다. 기록에 의하면 대저도에 사람들이 살기 시작한 것은 조선 중기 이후부터이다.

1856년(철종7년) 대홍수가 대저도 번덕마을을 덮쳤는데 주민들이 물살을 피해 이곳에 있는 큰 팽나무 위로 올라가 목숨을 구했다고 한다. 조정에서는 사람을 구한 팽나무 옆에 활인정(活人亭)이란 정자를 지어주었다. 이곳에서 대대로 농사를 지으며 살아온 박정언 씨(76세)는 갈대와 홍수와 싸워 이긴 사람들이 사는 곳이었다라고 말한다.

낙동강과 함께한 주민들은 홍수를 억척스럽게 극복하면서 갈대밭을 개간하여 비옥한 농토로 만들었다. 우리나라 4대 평야의 하나인 김해평야는 이렇게 만들어졌다. 벼농사를 지으면서 갈대로 당시의 인테리어 제품이자 건축자재인 삿자리, 고리짝, 꽃비(빗자루) 같은 생활용품을 만들었고 장의용품인 곽(槨)까지 만들어 내었다. 갈대밭의 갈게와 위어(葦魚:웅어), 준치, 전어 등의 수산물로 젓갈을 만들고 지천으로 깔려있는 재첩을 내다 팔아 생계를 꾸렸다.

홍수와 염기(鹽氣)는 주민들의 삶을 힘들게 하였지만 그럼에도 불구하고 하나 둘씩 대저도를 찾아든 사람들은 구포나루가 가까운 대저1동지역(현 강서구청 북쪽)에 촌락을 이루며 살아왔다.

배밭 속의 일본식 가옥

'구포의 배'로 명성이 드높던 대저동 일대의 배밭은 공장과 신축건물들이 들어서면서 거의 사라졌지만 배 과수원을 경영하던 장원 형태의 일본식 가옥들은 아직도 여러 채가 비교적 온전하게 보존되어 사람이 살고 있다.

광복 후 일본식 가옥에 들어와 배 농사를 하며 지금까지 살고 있는 양덕운 씨는 대저동에 이런 일본식 가옥이 무려 50여 채나 있었다고 말한다. 양덕운 씨 가옥은 2012년 부산광역시 근대 건조물 2012-6호로 지정되어 있다.

한때 적산가옥(敵産家屋)으로 불리던 일본식 가옥은 일제 강점기 때 대저지역에 배 농장을 경영하던 일본인 지주들의 저택이었다. 대저지역의

일식가옥 양덕운 씨 집 전경

일본식 가옥의 특징은 부산 도심상업 지역이나 구룡포 어업지역 등과 같이 밀집 되어 있지 않고 농업지역의 특색을 살린 장원 형태로 배밭 속에 위치하여 규모가 매우 크다.

저택을 둘러싼 정원에 소나무는 기본이고 전나무, 은행나무 등 고급 수종의 나무를 조경하고 석등을 세워 위압적이다. 후원에는 바람막이 용도와 고급 식재료인 죽순을 얻기 위해 맹종죽(孟宗竹, 日本竹)을 심어 웅장함을 갖추었다. 공간이 좁은 도시의 일본식 가옥과 규모면에서는 비교가 안 된다.

대저지역에서 일본식 가옥이 있던 곳을 찾으려면 큰 나무와 대숲이 있는 곳을 가보면 된다. 산이 없는 평지 지역이라 큰 나무가 있는 곳은 반드시 일본식 가옥 집터이다.

일제가 만든 대저의 배밭

일제는 1910년 조선을 강제 합병한 이후 효과적인 착취를 위해 가장 중점을 둔 부분이 농업이었다. 급속한 산업화를 추진한 일본은 도시인구는 급증했으나 농산물 공급은 이를 뒷받침하기에 부족하여 그 해결책을 조선농업 수탈에서 찾게 된다. 저들은 전국의 토지를 세밀하게 분석하고 지역의 특성에 알맞은 농업을 유도하였다.

대저 본토박이로 네덜란드 국비농업유학까지 다녀오신 박홍목 옹(강서 문화원장역임)은 일본인들의 정착 과정과 배 농사에 대해서 영화의 한 장면처럼 말씀하신다.

낙동강 삼각주 상단부 대저도의 비옥한 사질토가 배 농사가 아주 적합하다는 것을 간파한 일제는 농업이민정책에 따라 일본인(日本人; 이하 일인) 농부들에게 막대한 정착자금을 지원하여 이주시켰다. 또한 동양척식 주식회사(1918년)를 통해 토지를 매입하게하고 관개수로 등 농업 기반시설을 조성해주었다. 여기에 일인들은 대저택을 짓고 배나무 과수원을 조성하였다. 배밭의 저택과 농장은 1920년부터 1940년대 초까지 조성되었다. 건축자재는 모두 일본에서 가져왔으며 가옥은 통상 본채만 60평 정도이고 아래채, 배 저장고, 농기구 창고, 우물 등 건평과 대지가 3~5백 평 정도에 농장은 수천 평에서 수만 평까지 규모가 대단하였다.

대저에는 동척분점을 비롯하여 수리조합(1916년) 같은 농장과 관련된 기관도 들어서고 일인 자녀들을 위해 낙동 소학교(현 대상초등학교 전신)를 세워 그들이 거주하는 데 불편이 없도록 하였으며 한국 사람들에게 저들의 우월성을 보여주는데도 신경을 많이 썼다. 농장주들은 주로 큐슈지역 야마구치현 사람들이 많았다고 한다.

1920년대부터 일인들에 의해 조성되기 시작한 대저의 배밭은 전국에서 가장 큰 배 과수 단지가 되었다. 과수원은 많은 일손을 필요로 하는 농사이다. 농장이 조성되고 규모가 커지자 수많은 노동 인력이 농장부근으로 몰려왔고 공공기관이 들어서면서 마을의 규모가 점점 커져갔다. 행정구역도 양산군 대저도 에서 김해군 대저면으로 승격되었다.

광복이 되고 나서 배밭을 인수한 우리의 농부들은 배 밭을 확장하고 개량된 수종의 배나무를 심었다. 대저의 배는 전국 최대의 물량과 최고품질의 배를 생산해 냈으며 교과서에 '구포의 배'로 소개될 만큼 그 명성을 더 높였다. 대저 배가 구포 배로 알려진 것은 경부선 철도 구포역을 통해 출하되고 전국으로 탁송되어 나갔기 때문이다. 열차가 구포역에 들어서면 반팅이(반티; 함지박의 방언)에 배를 담아 머리에 이고 차창 가를 따라 걸으며 "내 배 사이소~!"를 외치던 아낙들의 목소리는 아직도 쟁쟁하다. "내 배 사이소~!"는 우스갯소리가 되기도 하였다. 대저 배는 일제 강점기 때부터 서울은 물론이요 저 멀리 만주와 일본, 동남아까지 수출되었다. 또

한 광복 후에는 전국 최초로 배 협동조합이 만들어져 공동출하 되기도 하였다.

대저의 인구는 점차 불어나 대저 면에서 대저 읍으로 승격(1973년)되었다. 농업에 기반을 두었던 1980년대 중반까지 배는 강서구의 주요 농산물이었고 배꽃(梨花)이 구화(區花)로 지정된 배경이기도 하다.

신작로(新作路) 따라 모여든 사람들

대저마을에 큰 변화가 생기고 많은 사람이 모여 살게 된 것은 신작로(新作路에서 新長路로 변하였음)와 구포다리가 생기면서부터이다. 국도14호선(1935년; 부산~마산)이 이곳을 통과하면서 신작로가 생겨났고 국도2호선(부산~진해)이 신작로에 접속되었다. 구포나루에는 당시 동양 최대의 길이를 자랑하며 전국의 구경꾼을 불러 모은 구포장교(1933년;1,060m)가 건설되었다. 또 하나는 강서지역 농토를 이용한 체계적인 식량 확보를 위해 낙동강 물길을 바꾼 일천식(一川式) 제방 공사(1934년)이다.

수년간의 대규모 공사가 있었던 대저는 교통의 요지가 되었다. 공사를 위해 전국에서 사람과 물자가 몰려들면서 소도시로 변모해갔고 공사가 끝난 후 기술자와 인부 등 많은 사람이 살기 좋은 대저에 식솔을 데리고 정착하였다. 고향이 경북인 신장로 마을 김영기 씨의 아버지도 이 무렵 정착했다고 한다.

광복 후에는 귀환동포가 많이 찾아들었고 한국전쟁 시에는 피란민들이 몰려와 집단거주지를 형성하며 살았다. 기온이 따뜻한 데다 배 농장과 들판에는 많은 일거리가 있었다. 주민들은 타지에서 유입된 사람들을 출신지에 따라 '○○○내기' 또는 '어긋쟁이(말씨가 다르다고 붙인 지역방언)'라고 불렀지만 이분들은 굿은 일도 마다않고 억척스럽게 살면서 자리를 잡고 동화되었으며 전국 최대 규모의 양계와 양돈장, 오리농장을 운영하기도 했다.

신작로 전경(1970년대)과 옛 구포다리 ⓒ강서문화원

인구가 불어나면서 대저의 사덕시장(일명 섬장)은 크게 번창하였고 우(牛)시장을 비롯하여 구포 장에 버금가는 규모의 오일장이 물류 유통의 중심 역할을 하였다. 비록 옛날 같지는 않지만 시장은 아직도 명맥을 이어가고 있으며 신장로는 가곡 〈그네〉로 유명한 작곡가 금수현(1919~1992)길로 명명되어 이 지역출신 음악가를 기리고 있다.

일본군 요새사령부에서 살아온 사람들

부산에서 제일 큰 섬의 비밀

외양포마을 전경

사령부 발상지비

부산에서 제일 큰 섬 가덕도는 선사시대 부터사람이 살았던 흔적(선사유적지와 패총, 고인돌)이 있는 곳으로 한반도 남쪽의 전략적 요충지이다. 거가대로에 연결된 일주도로가 개통되면서 최남단 외양포는 이제 쉽게 접근할 수 있는 곳이 되었지만 수년 전까지만 해도 도선이 다니던 오지였다.

외양포마을은 주민 모두가 과거 일본군 막사 등 병영시설에서 살고 있는 특이한 마을이다. 오랫동안 이장 일을 보아오며 외양포의 역사를 훤히 꿰고 있는 이성태 씨는 외양포의 과거와 현재를 이야기하면서 주민 전체의 숙원을 하소연한다.

일본군은 러일전쟁(1904. 2)을 일으키고 러시아 발트함대와 대한해협 전투준비를 하면서 이곳의 원주민을 쫓아낸 다음 포대 진지를 구축하고 진해만 요새사령부를 창설하였다. 이후 태평양전쟁을 유발한 일본군이 항복(1945. 8)할 때까지 무려 41년간 외양포 일대에 주둔하며 주인 행세를 하였다.

외양포마을의 일본군 요새진지(要塞陣地)는 무려 117년의 역사를 가지고 있다. 가슴 아픈 역사의 현장이지만 패잔병 일본군이 철수한 요새(병영시설)에서 우리 주민들이 76년째 살아가고 있는 곳이다.

마을이 통째로 사라지다

외양포에 일본군이 처음 상륙(1904. 8. 4)한 것은 포대진지 구축임무를 부여받은 공병소좌 마쓰이 쿠라노스케(松井庫之助)가 이끄는 제3임시 축성단(築城團)이었다.

상륙 후 그들은 인정사정없이 원주민을 쫓아내는 소개(疏開)작전을 벌였다. 외세(外勢)의 '여가탈입(閭家奪入; 여염집을 강탈하는 짓)'이었다. 고기를 잡고 해산물을 채취하면서 평화롭게 살아온 70여 가구의 주민들은 총칼로 위협하는 이들에 쫓겨나 고개 넘어 대항으로 피신하였고 삶의 터전을 잃은 마을 사람들은 세월이 흐르면서 뿔뿔이 흩어지고 말았다.

마쓰이의 보고(1904. 8. 27)에 의한 군사시설 설치이전의 외양포 조선인 마을 현황은 민가가 70호로 보고되고 있으며, 약 6개월 뒤인 하세가와 요시미치(長谷川好道)의 문건(1905. 3. 10)에는 64호로 차이가 있으나 퇴거 대상 민가를 가옥의 칸수, 매수액 등을 등급별로 구분한 '가덕도민가 등급표'를 작성하였고 소유자의 성씨별 구성도 밝혀두었는데 "허(許)씨 24호, 정(鄭)씨 7호, 배(裵)·장(張)씨 각6호, 김(金)씨 5호, 최(崔)씨 4호, 이(李)·황(黃)씨

포사격 자료사진 ⓒ강서문화원

가 각3호, 강(姜)씨 2호, 권(權)·서(徐)·임(林)·오(吳)씨 각1호"로 상세히 기술
하였다.

가구 수가 가장 많았던 양천구(현 서울)를 관향으로 하는 양천 허씨는 한
순간에 외양포의 세거지(世居地)를 잃었다. 허 씨뿐만 아니라 평화롭게 살
아오던 민가 70여 호의 주민들과 마을은 통째로 사라져 버렸다.

일본군의 무력 앞에 어쩔 수 없이 쫓겨난 주민들은 우선 대항 쪽으로
피신하였지만 이후 외양포에는 발을 들여놓을 수 없었다. 가옥들은 불살
아 지고 집터에는 일본군 병영시설이 들어서면서 요새화가 되어 접근할
수 없는 불가항력의 무서운 곳으로 변하였다.

광복이 될 때 까지 만 41년의 기나긴 세월이 흐르면서 원주민들은 사
망하거나 외지로 흩어져 나갔으며 그렇게 한 세대(통상 30년) 이상의 시공
간이 넘어가고 말았다.

외양포 마을 다시 생겨나다

광복이 되자 원주민과 귀환동포들이 일본군이 달아난 외양포 병영시
설에 삶의 터전을 만들어보고자 몰려들었다. 하지만 막사 시설보다 입주
희망자가 많아 경쟁이 심하였는데 제비뽑기를 하여 입주했다고 한다.

일본군 병영시설은 최고의 시설이었다. 반듯한 길과 비가 새지 않고 널
찍하며 다다미가 깔린 방바닥에 화장실을 비롯한 위생적인 우물 등은 완
벽한 주거지였다. 10살에 아버지 손 잡고 들어와 장교관사에서 평생을 살
아온 김일환 씨는 관사가 당시로써는 지금의 호텔이나 진배없었다고 말

한다.

병영시설이 주거지로 정리된 이후에도 오갈 데 없던 사람들이 이곳 외양포까지 흘러들어왔지만 기거할 곳이 없었다. 결국은 포진지의 싸늘한 콘크리트 막사(벙커)를 찾아들어 이곳에 구들장을 깔고 메케한 연기를 들이마시며 아이도 낳아 키우고 살았다. 지금도 벙커에는 그을음과 구들흔적을 보존해두고 있다.

칸수에 따라 공평하게 배정받은 집(막사와 창고 등)은 2가구가 기본이고 큰 건물은 3~4가구가 입주하여 나름대로 공평성과 질서를 유지하며 살았다. 외양포의 한 지붕 세 가족은 이렇게 탄생하였다.

지금도 이러한 다가구 주택은 쉽게 찾을 수가 있는데 지붕의 모양과 색깔을 보면 바로 알 수가 있다. 형편에 따라서 자기지분만큼 지붕개량을 했기 때문이다.

요새진지 사람들의 소원

외양포는 개인이 소유한 토지나 가옥이 없다. 입주 시 소유권을 확보하지 못했기 때문이다. 외양포 지역은 군용지로 국방부 소유이며 주민들은 국방부에 사용료를 내고 살고 있는 형편이다. 사람과 세간살이만 국방부 소유가 아닐 뿐이다. 주민들은 사유재산으로 소유권을 인정해달라고 관계기관에 수십 년간 쟁의를 해왔으나 뜻을 아직도 이루지 못한 채 살고 있다. 다만 건물이 너무 낡아 최근에 와서 지붕 등 외부수리만 허용되었는데 불과 서너 채만 남기고 모두 샌드위치 판넬 등으로 변형하여 외형을 보고는 일본군 병영시설임을 알 수가 없다. 내부 또한 모두 개조되어 전형적인 일본집의 구조를 찾아보기가 어렵다.

76년을 외양포에서 살아온 사람들의 숙원은 집과 토지를 사유재산으로 불하받아 마음편안하게 살아보는 것이다. 보존해야 하는 양면성도 있지만 세월이 너무 많이 흘렀다.

외양포 진지

어르신들만 남은 외양포

외양포는 사계절 고기가 많이 잡혔고 해산물이 풍부하여 살 만한 곳이었다. 남자는 배를 타며 고기를 잡고 여자는 해녀를 하는 집이 많았다. 고기잡이와 물질로 아이들을 공부시키고 뭍으로 유학 보내었다.

고기잡이를 하는 아버지를 따라 여섯 살 때 외양포에 들어온 김광자 할머니는 106살의 어머니를 모시고 살면서 여긴 젊은 사람은 없다며, 아이들은 전혀 볼 수 없어 손주들이 찾아올 때가 제일 좋다고 말씀하신다.

외양포 마을에는 20호의 가옥에 35세대 50여 명의 주민이 거주하고 있지만 모두 연로하신 분들이며 5~6명이 어업에 종사하고 있다. 다수의 외지인이 들어왔지만 젊은이는 볼 수가 없고 텃밭을 가꾸며 살아가고 있다. 한 지붕에 3가구가 사는 사령관 숙소에는 국수집이 생겨 관광객과 낚시꾼을 상대로 음식을 제공하고 있는 것이 큰 변화일 정도이다.

역사 교훈 여행지로 거듭나다

도로가 개통되면서 고도 중의 고도였던 외양포까지 2차선 포장도로가 깔리고 외양포 요새진지를 한눈에 내려다 볼 수 있는 전망 좋은 곳에 주차장시설도 잘되어 있다. 포진지에는 해설사가 상주하며 관광객들에게 마을이야기를 들려주고 있다.

가덕도는 임진왜란으로부터 러일전쟁과 태평양전쟁까지 지난날의 불편한 과거가 점철된 곳이다. 그중에서도 대항동은 외양포의 포진지를 비롯하여 새바지와 대항만의 인공동굴, 국수봉의 군사시설을 비롯해 41년 간 일본군이 주둔했던 과거의 흔적이 고스란히 남아있어 '다크투어리즘 (Dark Tourism)'의 장이 되고 있는 곳이다.

외양포는 풀지 못한 숙제로 멈추어버린 시간을 붙들고 있는 듯한 마을이지만 '역사교훈 여행지'로 소문이 나면서 탐방객들에게 어두운 역사의 흔적에서 오늘의 우리를 찾게 하고 있다.

문화공간 빈빈 대표

인간은 필멸하기에 매 순간을 애틋하게 아찔하게 아름답게 살아가는
꿈꾸는 미학자입니다.

김종희 ● 삶을 여행처럼 지금 여기의 나와 우리를 사랑합니다.

매축지마을(범일동)

아!
매축지

김종희

1. 열기

기억과 추억의 경계에서 현재적 존재로 살아가는 우리는 이따금 눈물 속에 타인의 이야기를 듣듯이 내 이야기를 쏟아낸다. 내 상처로 만들어낸 이야기는 삶의 또 다른 풍경으로 다가오며, 내 풍경 속에 타인은 그의 상처를 쏟아낸다. 이처럼 공동의 기억 속에 서로에게 풍경이 되면서 상처를 어루만져 주는 정(情)이 되어 함께 살아가는 것이다.

C.J. 휘트로는 『시간의 문화사』에서 '인간은 자기 인식을 지닌 존재이며 자기 인식은 본질적으로 기억에 의존한다. 인간이 과거 자신의 모습을 인식하기 위해서는 자신의 기억을 의식적으로 생각해 낼 수 있어야 한다'라고 주장한다. 뿐만 아니라 과거의 기억과 미래에 대한 목적은 동시에 일어난다고 강조한다. 그의 말에 비추어 보면 인간은 고난의 한가운데에서 미래를 상상하면서 현실의 고난을 헤쳐 나온다는 것이다. 삶의 역경 속에 그것을 헤쳐 나올 수 있는 지혜를 얻는다는 측면에서 과거의 기억은 그 내

용이 무엇이 되었든 현재의 우리에게 힘이 된다.

강은 바다에 다다랐을 때 강이라는 이름을 내려놓는다. 대신 바다라는 새로운 이름을 얻는다. 자신을 내려놓음으로써 더 큰 생명을 품는 바다처럼 매축지의 삶과 기억도 바다가 되었다. 시간의 섬유질 속에 올올이 흐르는 기억을 풀어놓고 수평선 너머 출렁이는 오늘을 읽을 수 있는 곳, 그곳이 바로 범일5동 매축지이다.

2. 귀 기울이기

인간의 삶은 공간 안에 존재한다. 공간의 개념은 어떻게 바라보느냐에 따라 다르게 인식될 수 있다. 일반적으로 공간이란 경험의 기억이 있는 공간을 의미한다. 그러나 그러한 공간이 장소를 의미하지는 않는다. 적어도 장소란 공간보다 좀 더 구체적이고 주관적이며 개인의 직·간접적인 경험이 내재되어 있는 기억을 담고 있기 때문이다.

5~6평의 집이 붙어있는 매축지는 골목이 마당이요 안방의 벽이 이웃과의 경계다. 벽을 사이에 두고 다양한 삶이 갯바위 홍합처럼 어깨를 기대어 살아간다. 마당이랄 것 없이 방에서 신을 신고 나서면 곧 골목이요 그 골목이 앞집과 뒷집 그리고 옆집이 오고 가는 마당이다. 좁고 긴 골목엔 햇볕에 빨래가 까슬하게 말라가고 처마 끝에 달린 시래기가 구수한 이야기를 품은 곳, 매축지에는 자식을 등에 지고 살아냈던 아버지 세대의 삶이 있다. 자식의 입으로 밥 들어가는 소리가 세상에서 제일 듣기 좋은 소리였다는 부모의 삶이 지난한 시간의 마멸과 풍화 속에 뿌리를 내리고 있다.

　매축지의 주거환경은 일거리를 찾아 몰려든 5, 60년대의 우리 사회를 청사진처럼 보여준다. 부두를 옆에 낀 매축지는 한때 부산 경제의 80%를 담당했던 곳이다. 육로 수송이 원활하지 않았던 그때 그 시절 부두는 많은 노동자의 일터가 되었다. 지게 하나에 가족의 내일을 실어야 했던 부두 노동자들의 삶과 희망이 그곳에 있다.

　지역 어른들의 말씀에 의하면 밀려드는 노동자들을 대상으로 세를 놓을 목적으로 벽을 만들고 칸을 쳤던 것이 지금의 주택구조가 된 것이다. 한정된 터에 많은 사람을 위한 공간을 쪼개다 보니 방과 방의 경계가 곧 집과 집의 경계가 된 것이다. 아니 공간을 효율적으로 나누어 많은 사람이

매축지 비인가 노인정 옆, 빨래가 까슬하게 말라가는 골목

삶의 터전으로 삼았던 정(情)의 공간이다. 어쩌면 정(情)으로 살아가는 우리의 공간 미학이 매축지에는 고스란히 배여 있는지도 모른다. 이웃의 정(情)으로 버텨내고 살아냈던 공간 매축지는 지금의 부산을 있게 한 원동력이었다.

부산의 매축 역사는 일본의 대륙침략 야욕에서 비롯되었으며 부산진 매축공사(釜山鎭埋築工事)는 크게 1, 2, 3기로 나누어서 매축하였다. 제1기 매축은 1913년 6월부터 1917년까지, 2, 3기는 1926년부터 1932년 12

월까지이다. 제1기 매축공사는 조선기업주식회사(朝鮮企業株式會社)에 의해 1913년 6월 착공하여 1917년 준공을 보았으며 이때 매축으로 생겨난 땅이 144,188평이었다. 2, 3기의 매축공사는 부산진매축주식회사(釜山鎮埋築株式會社)가 조선기업주식회사로부터 인수하여 범일동과 우암동 앞바다를 포함한 305,690평의 매립허가를 받아 1926년 11월 매축공사를 착공하여 1932년 12월 절반에 해당하는 162,050평이 준공되었다. 한편 2, 3기에 매축된 범일동 지구는 철도 연결이 편리하여 공장지대로 유리한 자리였으며 현재 매축지마을은 1926년부터 1932년까지 부산진 매축 3차 시기에 매립된 지역이다.

패전한 일본이 돌아간 후 매축지는 어떤 모습이었을까. 8살, 일본 땅에서 해방을 맞아 고국으로 돌아온 김희재 어르신 (2012년 채록 당시 76세. 수남노인정)의 회고 속에 유년기 매축지를 들여다보자. 당신은 해방되던 해에 부모님을 따라 한국으로 돌아왔지만 일 년을 살다가 부모님은 살기가 힘들어 일본으로 밀항을 했다. 그러나 일본에서 받아 주지를 않아 수용소에서 3개월 지내다가 한국으로 소환되어 돌아왔다고 한다. 막상 돌아온 고국에서 가족이 함께 살아갈 집이 없었다.

처음엔 일본 사람들이 살다가 버리고 간 다다미 집에 들어가 살다가 그 이듬해 매축지로 이사를 와서 지금까지 살고 있다. 당시 매축지는 번듯한 집이 없어 일본 사람이 사용하던 말 마구간에 칸을 질러 집으로 개조해서 살았다. 그때는 비와 바람을 막을 수 있는 건물이 있으면 조금씩 손을 봐서 사람들이 살았고 한 칸 방에서 칼잠을 자는 것은 일상이었다. 그러다 한국전쟁이 터지고 각 처의 피란민들이 매축지에 들어오기 시작하면서 인구가 밀집되었다. 가까운 부두에서 일감을 찾거나 신발 공장에 취직해

매축지 성남삼로 34번길 전경

생계를 이어갔던 사람들이 매축지에 터를 잡으면서 한때는 부산에서 사람이 제일 많았던 곳이었다.

　한편 바다를 메웠기에 바닥은 늪지대처럼 질펀했다는 것으로 매축지의 산증인 박남순 어르신(2012년 채록 당시 83세. 범오노인정)은 기억한다. 어른의 기억 속 매축지는 여전히 바다였다. 매립이 되기 전 멀리 바다를 보면 뭉게구름이 하얗게 수평선을 가리고 아이들은 바다가 주는 즐거운 놀이에 시간 가는 줄 몰랐던 시절도 있었다. 동무들과 조개 줍고 미역 따며 바구니 가득 찰 때까지 친구들의 재잘거림도 찰방찰방 넘치던 시절이 있었다. 자유시장, 남포동까지 바닷물이 차 있던 곳을 매축하고 마구간을 만드는 과정을 지켜보았던 터였다. 일본이 바다를 덮어 매축지로 만들고 정복 야욕을 채우는데 필요한 병참기지로 썼으며 6·25전쟁 때는 피란민들이 들어와 살면서 지금의 마을이 만들어지는 그 시간의 한 가운데 어른의 삶도 같이 있었다. 매축지에 터를 내리면서 비만 오면 질펀한 길이라 장화 없이는 살 수 없는 마을이었다는 당신의 기억 속 매축지는 땅이 된 바다인 것이다.

바다의 무늬를 품고 땅이 된 매축지 골목은 지금 어떤가. 성남이로 3번 길과 5번 길이 둘이서 나란히 걸을 수 없는 좁은 골목길로 이어져 있다면 범오 할머니 노인정 일원은 비교적 넓은 길을 축으로 하여 작은 골목이 모세혈관처럼 이어진다. (현재, 이 일대는 재개발사업으로 아파트 공사가 진행 중이며 이전의 집과 골목은 철거되고 그곳을 살았던 사람들도 이주한 상황이다)

스물두 살에 매축지로 들어온 김일영(남, 2012년 채록 당시 76세. 수남노인정) 어른은 한국전쟁 후 매축지는 북에 고향을 둔 사람보다는 남에 고향을 둔 사람들이 일을 찾아 몰려들어 그대로 정착한 사람이 대부분이라고 회고한다. 부두에서 일하는 사람들은 많고 방이 없고… 그러니 세놓기 위한 방을 많이 만들려고 다닥다닥 붙인 것이 현재의 마을 풍경이 된 것이다. 돌이켜 보면 기억의 저편에 존재하는 전쟁이라는 상황이 만들어낸 매축지는 팔도의 사람들이 이웃이 되어 등을 기대며 살아가는 마을인 것이다.

부산 땅에 처음 발을 들여놓으면서 정착한 곳이 매축지이며 지금까지 매축지에서 부산의 삶을 그대로 지켜보고 계셨던 김태근 어른(2012년 채록 당시 76세. 수남노인정)의 생생한 삶 속에는 지난했던 지난 시간이 사진처럼 펼쳐진다. 가난과 배고픔을 벗어내기 위해 고향을 떠나야 했던 열일곱 청년의 기억 속에 도시와 시골은 다양한 스펙트럼으로 존재한다. 그것은 곧 다양한 문화지형도를 만들어낸다.

부두를 끼고 있어 일거리가 많았던 매축지에 터를 내리고 살면서 평생을 지게를 지고 살아야 했던 삶. 무연탄을 지고 영도까지 나르고 산복도로 계단을 오르내리면서 그래도 그때는 힘든 줄을 몰랐다. 지게에 얹힌 삶이 곧 내일을 열어가는 희망이었으니... 가난을 구차하게 여기지 않았던 사람들, 가난을 물려주지 않으려 낮밤을 가리지 않았던 사람들이 일궈낸 시간이 켜켜이 쌓여 이만큼 성장시킨 세월이고 보면 그저 숙연할 뿐이다.

매축지라는 공간에서의 공동의 경험과 개인의 기억은 다소 차이가 있겠지만 그럼에도 단연코 으뜸의 문제라면 물이다. 물이 귀한 시절이었지만 매축지에서의 물 사정은 당시를 살아냈던 어른들의 기억에도 또렷하게 남아있다. 물이란 우리의 생명을 이어주는 생명줄과 같다. 물은 삶과 더불어 죽음과도 밀접한 관련을 지닌다. 인간은 어머니의 양수를 통해 태어나 또다시 황천이라는 죽음의 강을 건너야 하지 않던가. 물이란 생명이며 정화이며 재생이라는 원형적 해석이 아니더라도 물은 우리의 생명과 직결됨을 말하여 무엇하랴.

일상에서 하루의 시작은 물 긷기와 함께 한다. 집집마다 수도 시설이 없던 그 시절에는 부엌 물 단지에 찰박하게 물을 채워야 살림살이가 시작되었다. 동틀 무렵 물 한 동이라도 이어 두어야 바깥일을 볼 수 있었으니 물은 부지런함의 상징이라 해도 과언이 아니다. 그러나 상수도 시설이 여의치 않았던 시절은 물과의 전쟁이다.

1960년대 매축지의 물 사정은 어떠했을까. 바다를 메워 마을을 형성한 곳이라 우물이 없어 먹는 물은 공동수도를 사용했다. 개인 수도시설이 없었던 시절 55보급창 공공수도를 이용했다. 당시 55보급창 수도시설은 공짜로 물을 나눠주었으나 개인 수도시설을 이용해야 하는 사람들은 돈을 주고 물을 사야 했으니 이래저래 고생은 말로 다 표현할 수 없을 지경이다. 물을 받으려면 줄을 길게 서서 한참을 기다려야 했으며 힘없고 어리숙한 사람은 줄에서 밀려나는 일도 많았다. 물을 받기 위해 서 있는 사람과 열을 지어 늘어선 물통은 치열했던 물 받기를 상상하기에 충분하다. 그러니 잠시 자리를 비우면 물통의 순서가 뒤바뀌는 일은 다반사로 일어났으며 그것은 곧 싸움을 불렀다.

물을 받기 위해 물통을 줄지어 놓았다가 새치기하는 사람이 생기면 높고 낮은 언성이 기어이 몸싸움으로 이어졌다. 단순한 몸싸움으로 끝나기는 하지만 격해지면 그로 인해 큰 사건으로 이어지기도 했다. 강원도 태백에서 한국전쟁을 경험하고 광부와 결혼하여 살다가 이곳 매축지로 살림을 옮겨온 김금옥(김금옥. 여. 범오노인정 2012년 채록 당시 76세) 어른은 그날의 상황을 어제 일처럼 또렷이 기억하고 있다.

광부의 아내로 살 때는 남편의 돈벌이가 좋았다. 그러나 잦은 탄광사고로 매일이 전쟁 같은 생활을 벗어나고자 가장 먼 곳으로의 이사를 온 것이 부산이었고 매축지였다. 매축지는 돈벌이 할 수 있는 일터가 있었기 때문이다. 탄광에서 번 돈 300만 원으로 당시 두 채의 집을 샀다. 당시의 삶이란 치열함과 부지런함을 빼고 어찌 설명할 수 있을까. 매축지에서의 물 전쟁은 치열함과 부지런함으로 대변할 수 있겠다. 어른의 말씀에 의하면 매축지에 살면서 물 때문에 고생한 기억이 없으면 그건 가짜 매축지 사람이거나 이사 온 지 얼마 안 된 않는 사람이다.

돌이켜보면 매축지는 공동의 기억 속에 개인의 기억이 씨줄과 날줄로 엮이어 서로에게 어깨를 내어준 마을인 것이다. 물길을 따라 사람이 모여들고, 사람이 모여 마을을 형성한다. 물길이 열리는 곳에 터를 열고 뿌리를 깊게 내린다. 물은 사람과 사람을 이어주는 길을 열었으며 그 길 위에서 삶도 익어간다. 지금은 복개된 도심의 물길은 옛사람들의 이야기들을 도란도란 새겨 도시의 속살을 채웠는지도 모른다. 매축지의 삶은 그렇게 흘러왔고 그 삶 속에 오늘 우리가 살아간다.

3. 닫기

그곳을 두고 시간이 멈춰진 곳이라 말하기도 한다. 그러나 그곳은 시간이 멈춘 곳이 아니라 쉼 없이 달려온 시간이 정박한 곳이다. 여전히 역동적인 곳이다. 그곳에 가면 시간의 얼굴을 만난다. 눈에 걸리는 게 묵은 세월이요 발에 닿는 것이 역사다. 허물어진 담장에 고양이가 다니고 텅 빈 집터에는 쑥부쟁이가 자라지만 그곳에 서면 우리의 얼굴을 만난다. 해체 직전의 마지막 응집을 하는 가을 단풍처럼, 팔십여 년 응집된 삶을 만난다. 한때 많은 사람으로 복잡했던 거리가 지금은 한가한 바람에 졸고 있어도, 문지방이 닳도록 드나들던 식구들이 하나둘 떠나고 쇠락한 문설주만 남았을지라도 사라지는 것은 없다. 다만 기억의 깊은 풍경으로 가라앉을 뿐이다.

시간은 풍화되면서 문화를 만든다. 삶은 흔들리면서 성숙해지고 승화된다. 골목을 오르내리는 발소리가 또각또각 도마 소리로 바뀌고, 아이들

의 분주한 웃음소리가 자전거 바큇살을 타고 삶의 현장으로 가면서 시간
은 수많은 무늬를 만들어낸다. 시간의 무늬 속에 골목의 이야기가 새겨지
고, 이야기는 또다시 배경이 되어 새로운 이야기를 부지런히 쏟아놓는 곳
매축지, 그곳에는 두고두고 되뇌지는 어머니의 세월이 이끼처럼 살아있다.

부산의
마을 —————
한국전쟁 전후

소설가

부산에서 나고 자랐다. 소설집 『자살관리사』,
『짬뽕 끓이다 갈분 넣으면 사천짜장』을 발표해
'윗대가리들에 반항하는 아랫것들의 서사'라는 평을 받았다.
소설가 길남 씨가 본격적으로 부산을 돌아다니는

배길남 ● 로컬에세이 『하하하, 부산』을 썼다.

모여들어 같이 살았던 사람들의 소막

배길남

많이들 살았던 소막마을

인터넷 지도에서 소막마을을 검색하고 주소를 예전의 지번으로 변환하면 어딘가 들어본 익숙한 번지가 튀어나온다.

"본적, 부산시 남구 우암동 189번지⋯."

영화 〈친구〉의 주인공 준석이가 재판받으며 말하던 본적의 주소이다. 그런데 단순한 영화 속 주소임에도 불구하고 이 대사가 아니, 이 주소는 지금도 인구에 회자될 만큼 큰 반향을 일으켰었다. 과연 그 이유는 무엇일까?

2020년 9월 16일, 소설가 길남 씨는 부산 남구 장고개로 9번길, 즉 우암동 189번지에서 할머니 다섯 분과 한참 동안 이야기를 나누고 있다.

할머니 한 분이 이렇게 말씀하신다.

"많이 살았제, 그럼 진짜 많이들 살았지."

소막마을 입구 전경

"할머니는 여기 처음에 몇 살 때 오셨는데예?"

"내는 네 살 때 여기 처음 이사 왔지. 6·25 생기기 전에 해방되고 나서."

"그라믄 그래도 어리실 때인데…, 사시는 데가 소 키우던 소막인지는 알고 계셨습니까?"

길남 씨가 소막 얘기를 슬쩍 끼워 넣자 목소리 톤이 올라가신다.

"어릴 때야 집에 저기 소막인지 뭔지 우리가 뭐 아나? 신경도 안 썼지."

"와 몰라? 지천에 소 외양간인데. 그냥 그런 건물 안에 천 쪼가리, 장롱 같은 거로 벽을 지아가 몇 집이 같이 살았지."

"말도 마소. 소가 있던 덴 줄은 알고 있었지. 좀 크다 싶은 데는 사람들이 다 들어가 살았고, 작은 데는 내나 소도 키우고 돼지도 기르고 안 그랬나?"

"그래도 밑에 층은 주인집이고 그 위에 다락은 셋방 사는 사람들이라. 하이튼 마이 살았지."

"우리 집은 그래도 해방 전에 왔으이께 그래도 좀 넓은 데 있었고, 후에 전쟁 나고 사람들이 막 들어왔지."

"전쟁 나고 다른 데로 갈 데가 없으니까 피란민들을 우암동으로 많이 보냈다면서요? 수용소가 어디 있었는지 아세요?"

길남 씨가 수용소에 대해서도 돌려 묻자 명쾌한 답이 쏟아진다.

"아이, 거게가 바로 요게 아
이요? 소 막사 쓰던 기 많았으
이께…. 뭐, 건물 같은 기 좀 있
으니까 일로 다 보냈지."

"그때 사람들이 들어와도 엄
청 들어왔어."

"저어 위에 검역소로 쓰던
건물은 그대로 두고, 그 주위로
전부 빽빽이 들어가 살았지."

"그라이까 11시 반인가 전기
를 껐뿌고 4신가 5시에 전기를
넣었어. 건물로 들어온 한 전깃
줄을 몇 줄로 나눠가지고 벽으
로 쓰는 판자 사이로 넘구고 넘
구고 그랬지. 그래가 이 집에도
불 키고 저 집에도 불 키고 안 그랬나."

소막마을 골목 전경

할머니들과의 대화의 핵심은 바로 "많이 살았다"이다. 물론 오래 살았
다는 뜻도 있지만 사람들로 북적거렸단 얘기가 더 하고 싶으시다. 그럼 도
대체 얼마나 많이 살았을까?

"아이고, 아아들 학교 소풍 갈 때 생각 안 나나? 쩌어기 위에서부터 산
에서 내리 오는데 사람이 잠시도 설 수가 없어. 막 밀리 내리갔다 아이가.

소풍 갔다 내리오는 아아들이 하도 많아가…"

"겨울에 얼어 죽을 만큼만 아이면 여게 길 양쪽에 소 구루마 나 뚜낳 대로, 사람들이 전부 거기서 눕어 자고 그랬어."

"사람은 많고, 집은 하도 좁아 쌓고 그라이까…. 모기고 뭐고 벌레도 많이 물렀다."

"그라이까 11시 불 꺼질 때까지 시끌시끌 한기라."

길남 씨는 2년 전 돌아가신 외할머니가 갑자기 떠오른다. 중앙시장 썩은 다리에서 5분 거리인 외갓집도 공중화장실을 썼고 부근에 철도가 지나갔었다. 제사 때면 좁은 집에 모든 식구가 못 들어가 길가 평상에 대부분이 나와 있었던 옛 추억도 스쳐 지나간다. 우암동에는 아직도 감만동 미군 부대가 가끔 이용하는 철도가 부두 쪽으로 깔려 있다. 그 철도는 문현동, 전포동 쪽으로도 이어져 있었지만 이제는 없어진 지 오래이다.

"그라고 공장이 많이 생기고 하이까 일하는 사람들도 많이 왔제. 동명목재, 성창기업, 방직공장, 신발공장, 유류공장 생기니까 사람들이 더 들어왔제."

"저기 장고개 입구에 주유소 저기에 기름 탱크가 커다란 기 두 개 있었는데, 그 터가 넓어가 서커스도 오고, 노래자랑도 하고 그랬제."

할머니들의 눈가가 촉촉해진다. 이미 그들은 주름살이 펴진 채로 10대, 20대가 되어 그 시절로 돌아가 있는지도 모른다.

소설가는 우암동 189번지가 왜 그렇게 큰 반향을 일으켰는지 이제야 알 것 같다. 그토록 많은 이가 거쳐 갔던 이곳은 꿈을 키우던 제2의 고향, 제3의 고향일 수도 있고, 지우려 해도 지울 수 없는 흉터 같은 공간일 수도 있을 것이다. 정말 정말 많은 사람들이 삶을 이어가기 위해 몸을 눕혔다 일어나고 먹고 서로 부비며 살아갔던 공간….

바로 부산시 남구 우암동의 소막마을이다.

우암동은 도대체 어떤 곳일까?

소설가 길남 씨는 우암동이란 이름을 들으면 수많은 만감이 교차한다. 그에게 고향을 묻는다면 부산 남구 대연동이라 한 번에 툭 내뱉지만, 우암동은 뭐라고 단정 지어 말하기가 애매하다. 스무 살부터 마흔 살까지 청년 시절을 모두 보낸 곳인데도 뭔가 항상 떠나야 할 곳으로 여겼던…, 대학에 첫사랑에 입대에 이별에 취업에 등단에 결혼에 자식에…, 온갖 희로애락의 처음이 모조리 담겨있는 동네인데도 그러하다. 마치 소막마을 189번지를 거쳐 떠나갔던 그 사람들과 같은 심정이랄까?

이랬거나 저랬거나 개인적 심사는 젖혀두고 어쨌거나 우암동은 말할 거리가 많은 동네이다. 길남 씨는 살아왔던 세월이 있는 만큼 이 동네에 대해 아는 척을 조금 할 참이다.

그는 먼저 우암동(牛岩洞)은 이름에서부터 확고한 자세를 보인다. 한자 이름에서도 알 수 있듯이 이곳의 순 한글 이름은 '소바우골'이었다. 우암 동의 우암포는 부산포를 바라보는 천연의 포구였기에 육로보다 배로 사람들의 왕래가 잦았던 곳이었다. 이 포구 안의 언덕에는 큰 바위가 있었는데 그 모양이 소와 같다고 하여 우암포라고 하였다. 오늘 주로 이야기할 소막마을과 관련된 이출우검역소(移出牛檢疫所)와 우암동 이름의 유래와는 아무런 관련이 없다는 것을 여기서 밝혀둔다. 인터넷 공부를 조금만 하면 누구나 알 수 있는 내용이건만 길남 씨는 이 점을 몇 번이고 강조한다. 왜 냐하면 우암동이란 이름이 바다 저편에서 바라본 외지 사람의 시선이 담긴 이름이기 때문이다. 부근 동구도서관이 있는 산이 솥뚜껑 모양이라 부산(釜山)이라 불렸듯이 이곳 또한 바라보이는 대로 이름이 지어졌다는데 길남 씨는 큰 의미를 둔다.

부산이란 도시가 본래 거주하던 사람들과 외지에서 유입된 사람들이 뒤엉켜 조화를 이룬 도시이기에 그 이름의 유래도 찬찬히 뜯어볼 필요가 있다는 것이 길남 씨의 의견이다. 오늘따라 대단히 똑똑한 척하는 길남 씨인 것 같지만 자기가 살았던 동네 이야기하는데 뭐 거리낄 것은 없다. 거기에다 총서의 주제가 무엇인가? 부산의 탄생과 유지에 깊은 관련이 있는 이주촌의 역사 아닌가? 이런 시점에서 우암동은 여러 가지로 의미가 있는 곳이다.

우암동은 역사적으로도 중요한 역할을 했던 곳이다. 일단 산을 하나 걸치고 바다와 접해 있어 남구 전체로 보면 숨겨진 마을 같지만 지금의 동구와 서구, 영도구로 일컬을 수 있는 부산성과 부산포, 그리고 초량왜관 등지와 가장 활발하게 교류를 했던 곳이었다. 그래서 동래부와 부산성, 다대진의 골치였던 표류 왜인을 수용하던 표민수수소가 있던 곳이기도 했다.

또 언덕의 색깔이 붉어 외지 사람들, 특히 바다에서 이곳을 바라본 일본인들은 아카사키, 즉 적기(赤崎, Jeokgi)라 불렀다. 지금도 택시 기사를 오래 하신 분들은 적기로 가자고 하면 우암동 쪽으로 핸들을 바로 돌린다. 1980년대 초까지도 적기라는 명칭이 남아 있었으나, 1982년에 적기1가는 문현4동으로, 2가와 4가는 우암동으로, 5가는 감만동으로 편입되었다.

그런데 여기서 언급한 적기는 수용소와 채석장이란 단어와 들러붙어 묘한 분위기를 자아낸다. 하지만 특별한 것 없다. 길남 씨는 많은 사람이 우암동으로 유입되며 불렀던 또 다른 이름이었을 것이라 간단한 유추를 해본다. 다만 적기란 이름이 특이하니까…. 앞에서도 말했듯이 피란민 수용소는 따로 구역이 있었다기보다 소 검역소 주위의 소막에 피란민들이 거주하며 생긴 이름이라 볼 수 있다. 채석장에 대한 이야기는 이야기를 나눈 할머니들도 잘 모르는 것이었다. 다만 저기 신선대 부근에 채석장이 있었다는 이야기가 나오는 것으로 보아 감만동이나 신선대도 적기로 묶어 불렀다는 의견이 더 맞는 것 같다. 어쨌든 부산에서 거주하며 한국 화단에 이름을 날렸던 한상돈 화백의 〈적기 채석장〉이란 작품이 당시의 모습을 조금이나마 짐작하게 해준다.

소막 마을의 탄생과 지금

일제는 많은 수의 조선소를 일본으로 반출해 갔다. 그 흔적은 부산 여러 곳에 남아있는데 소의 질병 등을 검사하던 혈청소가 서구 암남동에 남아있다. 또 소 수출을 위한 검역 사무를 보는 이출우검역소(移出牛檢疫所)가 바로 우암동에 있었는데, 이곳과 그 부대시설이 소막마을의 토대가 된다.

1930년대에는 연간 5만여 마리에 달하는 소가 일본으로 반출됐다고 하니 어마어마한 숫자이다. 할머니들의 증언에 따르면 커다란 검역소와 소를 씻는 우물, 소막, 소 화장터 등등 그 부대시설만 해도 엄청나게 넓었다고 한다. 자료에 따르면 소막은 1동을 2칸으로 나누어 한 칸에 60여 마리를 수용했는데, 이 소막이 19개 동이 있었다고 한다.

소막마을 복원 중인 주택

소막마을 기념시설과 주민공동체센터

　　소막마을은 2018년 5월 8일 대한민국의 국가등록문화재 제715호로 지정되었다. 현재 소막 마을의 대표적 주택으로 볼 수 있는 건물을 새로 복원하는 공사가 진행 중이다. 현재는 공사가 정지된 상태라고. 또 기념 시설과 건물들이 지어져 있는 상태이다. 부산 남구는 주민공동체센터를 2020년 2월 7일 개소하고 운영 중에 있다.

　　하지만 그뿐이다…. 이 마을은 여전히 대문 없이 골목에 집들이 따닥따닥 붙은 나래비 집들이 대부분이며 공동화장실을 쓰고 있는 시간이 멈춰진 마을이다. 더 아이러니한 것은 문화재로 지정된 구간에서 불과 100미터도 떨어지지 않은 구역은 재개발로 폐허가 되어 있다는 사실이다.

　　살고 있는 곳이 문화재가 되었다고 해도 별로 즐겁지 않은 표정의 할머니들이 불만을 털어놓는다.

　　"여기 바닥을 전부 이 꼬라지로 해놓으니까 빗자루로 암만 쓸어도 깨끗해지지도 않고, 물을 뿌리면 밑으로 다 샜뿌가 냄새가 없어지지도 않고…."

골목 골목을 시멘트 바닥 대신 우레탄 바닥으로 해놓았는데 썩 좋은 효과를 거두지 못하는 듯한 인상이다.

"내는 요기 쇠로 장식해난데 머리를 두 방이나 박아서 영 안 좋아요."

할머니들이 앉아 계시는 쉼터를 장식해 놓은 소막 마을 기념 장식들을 보고 하는 말씀이다. 더 많은 이야기가 있지만 그냥 비워두기로 한다. 일제 강점기, 해방, 한국전쟁, 산업화 시대의 모든 부분을 아직 그대로 간직한 소막 마을…. 이곳은 그런 역사적 의미도 있지만 70년 이상을 살아오신 분들의 삶의 터전이기도 하다. 문화재 지정이 이들을 도리어 불편하게 해선 안 될 것이다.

한국전쟁 이후 소막마을은 피란민들을 수용하면서 그 넓이를 더욱 확장했었다. 그 흔적을 보여주는 것이 우암골목시장('우암동구시장'으로 부르기도 한다)이다.

소막마을 할머니들의 증언에 따르면 시내로 나서려면 동구나 자갈치로 가는 나룻배를 이용하거나 문현동

소막마을 나래비집 골목

우암골목시장   내호냉면과 소막마을 표지판

쪽으로 넘어가는 장고개를 통해 진시장이나 자유시장 쪽으로 나섰다고
한다. 그리고 사소한 물품을 살 때는 이곳 우암골목시장을 이용했다고 하
는데, 지금은 재개발과 인구의 감소로 시장은 거의 명맥만 유지하고 있는
상태이다. 다만 이 시장에서 시작한 국내 최초의 밀면집 '내호냉면'이 아
직 건재하게 자리 잡고 있다.

　'내호냉면'은 허영만의 『식객』을 비롯해 수많은 매스컴을 탄 밀면의 원
조집이기도 하다. 밀면의 유래가 이북 피란민들의 국수 '냉면'과 미국 원

조물자 밀가루의 만남이란 것은 워낙에 잘 알려진 사실. 소막마을이 여전히 우리 역사의 한 지점을 뚜렷이 보여준다는 한 증거이기도 하다. 개인적으로는 길남 씨의 학원 강사 시절, 이 가게의 발랄했던 손녀를 가르쳤었다는 추억이 그를 한 번 더 미소 짓게 한다.

나는 이곳에서 자라고 이곳에서 결혼하고 지금도 살고 있어

"그란데 소 검역소 있던 데가 어덴줄 아요?"
"쩌기 장고개로 올라가면 아신 아파트 거기 아이가?"
"그라믄 일로 와 보소. 내가 어딘지 갈카 줄테이까. 따라와 보소."

길남 씨는 괜히 폐를 끼치는 것 같아 손사래를 치지만 할머니는 벌써 일어나 길을 가로지르고 계신다.

"정자 언니야, 나중에 갔다가 저녁에 온네이."

할머니들이 뿔뿔이 흩어진다. 길남 씨 어머니와 함자가 같으신 안정자 할머니가 골목길로 들어서다 뒤를 돌아보며 손짓을 한다. 길남 씨는 후다닥 그녀의 뒤를 따른다.

잠시 앞장서던 할머니께서 걸음을 멈추고 한 집을 가리킨다. 집에서 두 칸 옆은 공동화장실이 있고, 앞은 체육시설이 있는 공터이다.

"여기가 우리 집이었지요. 요기서 오래 살았었다. 결혼식도 족두리 쓰고 이 앞에서 했어."

그냥 펼쳐진 골목길이 다르게 보인다. 그녀의 75년 인생과 희로애락이 이 길에 모조리 펼쳐져 있는 것이다. 문득 시끌시끌한 동네 사람들의 목소리와 웃음소리가 들리고, 박수 소리와 노랫가락이 들려온다. 주위를 둘러싼 사람들 속에 수줍게 미소 짓는 신부의 모습이 눈에 보이는 듯하다. 잠시 뭔가에 홀린 듯 멍한 길남 씨…. 그 와중에 할머니는 지나가는 행인들에게 세 번이나 인사를 받는다. 소막마을 전제가 그녀의 집인 듯하다.

"저쪽 위로 올라가믄 약국이 있어요. 거기 맞은편에 아신 아파트가 보일 기야. 그 자리가 소 검역소 자리였다 아이가."

길남 씨는 감사 인사를 몇 번이고 드리고는 오르막길을 휘적휘적 올라간다. 이제 이곳 우암동 장고개도 재개발의 날카로운 발톱에 그 뼈대까지 드러낸 상태이다. 아신 아파트 앞에 선 길남 씨가 한숨을 한 번 내쉰다. 한국 근현대사의 흔적들이 고스란히 남아있던 우암동 소막 마을과 장고개…. 이곳은 이제 새롭게 다시 한 번 태어나려 하고 있다. 그것이 옳은 방향이든 그른 방향이든 오랜 세월의 흔적은 차츰이 아니라 왕창 사라져 버릴 것이다.

취재를 마친 길남 씨…. 그는 버스가 다니는 큰길로 내려가려다 무거워진 발걸음을 멈추고 만다. 오른쪽으로 등산하듯 오르면 동항성당과 우암동 도시숲으로 일컬어지는 언덕과 포부대길, 신정 마을, 신연초등학교가 나타날 것이다. 그쪽도 재개발이란 이름으로 상전벽해를 이루고 있을 것이다. 하지만 아직은 예전의 모습으로 예전의 사람들이 살아가고 있을 것이다. 길남 씨는 시큰거리는 허리를 주무르며 결국 발걸음을 돌리고 만다. 또 다른 부산의 이야기, 또 다른 이주의 역사를 눈으로 직접 담아두기 위해서이다.

동항성당 밑으로 바라 본 우암부두 및 소막마을

향토사학자

약 35년 전부터 우리 역사와 문화를 좋아하여 전국을 탐방 다녔다.

1990년대 후반부터 부산의 역사에 미쳐서

근대 시기 부산과 경남지역의 옛 사진과 지도 등을 수집하여

김한근 ● 향토사 분야를 연구하는 〈부경근대사료연구소〉를 운영 중이다.

영도의
피란민 마을

김한근

한국전쟁 발발과 부산의 피란민들

한국전쟁 발발과 함께 수많은 피란민이 부산으로 모여들었다. 피란민들을 수용하기 위해 당시 부산시에서는 남구 우암동에 위치한 일제 강점기 소(牛) 수출 검역소였던 우암동 소막마을, 대연 고개, 남부민동, 영도, 괴정, 당리 등 무려 40여 곳을 피란민들 거처로 지정했다. 이때 마련한 수용소에 총 7만여 명을 수용했는데 수용소에 들어가지 못한 사람들 가운데 경제력이 없거나 친척이 없이 피란을 온 약 40만 명의 사람들은 용두산 공원이나 서구 천마산, 중구 영주동 배수지 주변 산자락, 동구 수정산과 증산 자락뿐 아니라 서구 충무동, 자갈치, 영도 봉래동 해안가 그리고 중구 보수천 주변에도 삶의 둥지를 틀었다.

피란민들에게 지급하는 구호양곡은 피란민 수용소에 수용된 사람들에게만 해당되었다. 개별적으로 피란을 내려와 아무 곳에서나 생활하는 피란민들, 즉 수용소에 들어가지 못한 피란민들은 구호양곡 배급을 받지 못하여 기아선상에서 생활할 수밖에 없었다. 이들 개별 피란민들은 수용소 인근에 판자촌을 형성하여 수용소 주변 일대가 거대한 판자촌으로 형성되었다.

당시 이 상황에 대해서 오늘날까지 전해오는 마을의 대표적인 곳이 우암동이다. 우암동의 경우 일제 강점기 수출하는 소를 검사하는 소막사였던 곳이 피란민 수용소가 되다 보니 수용소 주변에 피란민들이 모여 살면서 일대에 거대한 피란민 촌이 형성되어 오늘에 이른 것이다. 이렇게 소막사를 개조하여 피란민들의 거처를 마련한 경우도 있지만 공동묘지 주변을 거처로 삼은 피란민들도 있었다.

공동묘지를 거처로 삼은 피란민들

피란민들이 공동묘지 주변 거처를 마련한 데에는 나름 이유가 있었다. 평지에 움막을 지으면 큰비가 오면 집안으로 물이 스며드는데 공동묘지의 경우 기본적으로 양지바른 곳인 데다 배수가 잘되는 곳일 뿐 아니라 묘지 주변의 금잔디나 잡풀 등이 겨울에 땅 아래에서 올라오는 냉기를 어느 정도 막아주는 역할을 하는 등의 장점이 있기 때문이다. 게다가 당시 피란민들은 비바람을 피하는 것이 우선 이어서 공동묘지라는 꺼림칙함보다 그 장소가 지니는 이점을 택했다. 영도 영선동 흰여울마을의 경우도 인근 남항초등학교 앞과 신선중학교 일대 피란민 수용소에 들어가지 못한 사람들이 당시 공동묘지가 드문드문 자리한 벼랑 끝에 자리를 잡고 생활한 것이 오늘에 이른 곳이다. 아미동 비석문화마을도 피란민들을 수용하기 위한 천막촌 사람들이 일본인들이 남기고 간 공동묘지인 납골묘를 개간해서 생활한 것이 오늘에 이른 곳이 되었다.

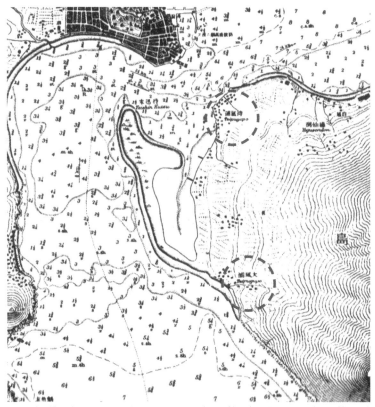

1905년 발행 부산포 지도에 표기된 영도 대교동 대풍포(待風浦)(위쪽)와 영선동 대풍포(待風浦)(아래쪽)

지금은 완전히 변했지만 초량 금수사 옆 이바구캠프 일대 주거지도 원래 공동묘지였던 곳이었다. 지금도 이바구캠프 바로 위로 나 있는 산길을 지나면 과거 공동묘지였던 흔적들을 쉽게 찾아볼 수 있다. 좌천동 증산 자락 정공단 뒤쪽 주거지도 원래 공동묘지였던 곳에 피란민들이 거주하다

1970년대 주변 주택지로 개발한 곳이고, 문현동과 전포동에 걸쳐있는 돌산마을도 원래 공동묘지에 피란민들이 주거를 이루던 것에서 출발한 것이다. 영도 흰여울마을도 공동묘지 터에 피란민들이 자리를 잡고 살아온 곳이지만 지금은 그 흔적들을 거의 찾아볼 수 없다.

산으로 올라간 피란민들

1930년대 중반 당시 부산부에서 30년 후인 1960년대 중반 부산을 인구 30만 명에 대비하여 도시 계획을 했지만 한국전쟁 발발 직전인 1949년 부산 인구가 이미 470,750명으로 계획 인구의 1.6배에 달하고 있었다. 더욱이 부산이 피란수도가 되면서 1951년에는 844,134명에 이르렀다. 이러한 인구 과밀 상태에서 뒤늦게 부산으로 들어온 피란민들의 경우 제대로 된 거처를 마련할 수 없었다. 거리를 방황하다 길에서 노숙하거나 부산역 일대 멈춰선 열차들 사이에서 생활하거나 논밭이나 산자락에 기거를 하는 경우도 허다했다. 초량168계단 주변은 원래 산비탈이 심한 다랭이 밭이 형성되어 있던 곳에 피란민들이 거처를 하면서 마을을 이룬 경우이며, 영주동 영주아파트 일원은 과거 일본인 소유 산의 소나무 숲에 거처를 마련한 경우에서 비롯되었다. 지금은 흔적조차 찾아볼 수 없지만 현 부산역 일대 거대한 물웅덩이 주변에도 약 3천 세대에 가까운 피란민 부락이 형성되어 있었다. 서구 천마산, 중구 보수산, 동구 구봉산, 수정산 자락과 영도 봉래산 자락 등 시가지와 가까운 산자락마다 피란민부락이 형성되어 있었다.

영도에 정착한 피란민들

영도지역에는 대한도기주식회사 외 현 남항초등학교 앞과 신선동 산자락에도 피란민 수용소를 조성했다. 현재 중앙동에서 부산대교를 넘어 영도에 들어가면 왼쪽에 위치한 미광마린아파트 단지가 1917년 설립된 일본경질도기 주식회사로 해방 후 대한도기 주식회사가 되었는데 이 회사의 부지가 워낙 넓어서 공장 공터와 주변에 약 3천 명에 이르는 피란민들을 수용했다. 이곳이 피란 거처로 지정되면서 각 구호 기관에서 구호 물품과 식량 등을 배급해 주니 이곳에 들어가지 못한 피란민들이 이 공장 해안가에서 영도대교에 이르는 해안 일대에 판잣집을 지어 살았다. 피란민 거처로 지정된 곳 인근에 거처함으로써 자연스럽게 구호 물품과 식량 등을 배급받을 수 있었기 때문이다. 영도의 해안지역 피란민 부락은 봉래동에서 대교동, 남항동 해안가까지 연결되었다. 한국전쟁 종전 직전인 1953년 7월 4일 당국에서 피란민 실태를 조사했는데 영도 봉래동 해안가에 약 700호의 피란민 부락이 있었다 한다. 당시 미군들이 촬영한 사진을 보면 영도대교 교각 아래에도 피란민 판자촌이 다닥다닥 이어져 있고 봉래동 해안 물량장에도 하역에 지장이 없도록 공간을 두고 판자촌이 죽 연결되어 있는 것을 볼 수 있다.

영도대교 인근 해안에 피란민들이 거처를 조성한 것은 그들의 생계와 연결되어 있었다. 인근에 자갈치 시장이 있어 장사를 할 수 있거나 부두에서 보급품 등을 하역하는 일도 할 수 있었기 때문이다. 하지만 1·4후퇴 당시 거제도나 제주도로 피란을 갔다가 뒤늦게 부산으로 온 피란민들은 이런 장소도 구할 수 없었다. 결국 그들은 산자락으로 올라갈 수밖에 없었다.

영도 청학동 해돋이마을의 피란민들

산자락으로 올라간 피란민들은 난관에 부딪혔다. 주거지 인근 산자락 중에서 경사가 심하지 않는 곳은 이미 원주민들의 논이나 밭으로 개간되어 있어 이런 곳에 거처를 마련한다는 것은 땅을 임차하지 않으면 안 되었다. 거의 무일푼으로 피란을 내려온 그들로서는 땅을 임차한다는 것은 엄청난 부담이었다. 결국 산세가 험한 국공유지에 자리를 잡을 수밖에 없었다.

영도 청학 1동 11, 12통 지역, 영광마린타워 위쪽 일대를 '해돋이마을'이라 부른다. 지번으로는 청학동 420, 467, 468번지에 해당한다. 이곳의 마을 형성은 일제 강점기 현 영광마린타워 주변에 일대 산을 논밭으로 개간하여 살고 있는 가구 몇 세대가 거주한 것에서 비롯되었다. 이들 기존 거주지와 논밭을 피한 위쪽의 경사진 바위와 돌투성이인 데다 군데군데 묘지가 있는 이곳에 초기 피란민 5~6세대가 들어왔다. 마을의 북쪽, 현 마을 아래에 위치한 영광마린타워 쪽과 동쪽, 그리고 서쪽 위로는 공동묘지가 형성된 산자락 비탈지였다. 다행히 동쪽 공동묘지와 마을 사이에 개울이 있어 식수원으로 사용할 수 있는 곳이었다.

이후 거제도 포로수용소에서 풀려난 반공포로들 가운데 일부가 이곳으로 들어와 정착했다. 이곳 사람들이 말하는 1수용소, 2수용소는 거제도 포로수용소 내 1수용소, 2수용소 출신 사람들이라는 의미라 하지만 사실은 1955년부터 이 일대에 이재민 수용소가 설치되면서 그 수용소 출신을 의미하는 말이다. 이곳을 정착지로 삼은 피란민들은 비탈진 경사지에 돌을 쌓고 흙을 운반하여 평지를 만들고 봉래산 자락의 수많은 돌을 옮겨와 돌을 쌓고 흙을 버무려 넣는 등으로 벽체를 만들어 집을 지었다. 인근 미군부대에서 군수품 상자를 해체하는 과정에 나온 목재를 가져와 문과 창을 만들고 지붕을 이었다. 판자를 이어 덮은 지붕 위에는 가마니 등을 덮었다. 이후 종이에 골타르(석유를 정제하고 남은 찌꺼기)를 를 바르고 모래를 뿌

영도 청학동 해돋이마을 일대(붉은색 점선 안)의 변천
_1934년 지도(왼쪽 위), 1950년 항공사진(오른쪽 위), 1971년 지도(왼쪽 아래), 현재 지도(오른쪽 아래)

1953년 경 남부민 방파제와 영도

려서 만든 '루핑'이라는 재료가 생산되면서 루핑지로 지붕을 덮거나 벽을
에워싸는 등 하여 비바람을 피하고 살았다.

　마을의 규모가 본격적으로 커지기 시작한 것은 1954년 해돋이마을 아
래에 난민수용소가 조성되면서부터였다. 난민수용소는 1953년 11월 27
일 밤에 발생한 역전 대화재 이후 화재 이재민을 수용키 위하여 1954년 2
월 일대에 대형 천막 주거지를 조성하면서 비롯되었다. 당시 부산시 당국
과 미 후방기지 사령부(PMP)에서 1954년 2월 16일 제1차로 40동의 대형

군용천막을 주변에 설치하여 당시 부산항 제2부두 주변과 교회 등에 수용되어 있던 대화재 이재민 5천 5백여 명 가운데 1천 3백 명이 이송 수용하였다. 이후 2월 말 추가로 135동의 천막 수용소를 조성했다. 이러한 청학동 천막수용소 설치는 1953년 10월 27일의 역전 대화재 이재민 1천 1백 세대, 그리고 1954년 3월에 발생한 영주동 영주아파트 일대 박간산 판자집촌의 대화재 이재민 1,062세대, 1954년 12월 두 차례에 걸친 용두산 대화재 이재민 1만 3천여 명 등 이들 이재민을 위한 수용소로 273매의 천막촌을 조성했다. 시가지 중심에 있던 피란민과 이재민 수용소를 외곽지대였던 청학동에 수용소를 마련한 것은 당시로써는 일종의 시가지 정비 차원이기도 했다.

천막촌에 수용된 피란민들은 시간이 지남에 따라 사생활 보호가 전혀 되지 않는 데다 구호양곡도 끊기게 되면서 내 집을 마련해야 한다는 절박감에 시달렸다. 그래서 이들은 부산시에 '차라리 땅을 달라'고 요구하기도 했다. 그러는 과정에 일부 성급한 사람들이 해돋이마을 주변에 판자집을 지어 살았다. 당시 마을 진입로도 없어 영도대교에서 마을에 이르는 길은 아리랑고개라 부르던 산비탈 길인 봉래언덕길을 올라 봉산아파트 앞을 지나는 봉래길로 마을에 이르렀다. 이 길은 일제 강점기 때부터 우마차가 다닐 정도의 도로 폭을 지니고 있었다. 지금의 산복도로는 1959년 개설되었다.

1954년 당시 부산 시내에는 약 5만 동의 판잣집이 있었는데 그 가운데 도로변이나 중요 건물에 부설되어 있는 판잣집이 7천 849동에 달하고 있었다. 이 중 3천 1백 동을 철거하면서 부산시와 미 후방기지 사령부(PMP)의 협조하에 영도 청학동에 10만 평의 대지를 준비하여 약 1천 호

규모의 후생주택을 건립하기 위한 계획을 수립했다. 청학동 후생주택은 미8군 사령관 테일러 장군의 명령에 의해 부산지구 육군사령관 휘트컴 준장의 적극적인 알선으로 미 후방기지 사령부로부터 건축자재를 받아 육군 제1203 건설공병대 병사들이 건립했다. 당시 후생주택은 양정동에 111동을 준공하고 이어서 청학동에 109동이 건립되었다. 청학동 후생주택은 테일러 미8군 사령관을 비롯하여 콜터 운크라 단장 일행과 변영태 부총리 등이 참석한 가운데 1954년 7월 29일 오후 3시 준공식을 거행했다.

해돈이마을은 영도 봉래산 동북쪽 자락 경사면에 위치하고 있다. 해돈이마을이라는 명칭은 2013년 행복마을 사업이 진행되면서 마을에 희망을 불어넣기 위해 해돈이마을이라는 이름을 붙였다 한다. 비록 산비탈면 외진 곳에 자리한 마을이지만 영도에서 해를 제일 먼저 볼 수 있는 마을이라는 의미였다. 한때 500세대가 넘는 규모였지만 현재 100세대 조금 넘는 규모이다. 2013년 도시재생의 일환으로 시작한 새뜰마을 사업이라는 행복마을 사업이 시작되기 전까지 대부분 주민은 산에서 내려오는 물인 산수도에 의존하고 살았다. 일부 아래에 있는 집들은 1992년도부터 상수도가 들어왔다. 그만큼 오랫동안 소외된 마을이었다는 증거이다. 게다가 그동안 차가 들어갈 수 있는 마을 진입로가 없어서 더욱 낙후되어 있었다. 지금은 공영주차장도 생기고 마을 한가운데를 빙도는 도로도 생겨났다. 이 모든 게 행복마을 사업으로 이루어 낸 성과이다.

영도 흰여울마을

1·4후퇴 이후 영도 영선동 흰여울마을 인근 남항초등학교 바로 앞에 피란민수용소가 설치되자 많은 피란민이 몰려들었다. 하지만 밀려드는 피란민들을 감당하지 못할 정도로 수용소가 한계에 이르자 위쪽 지금의 신선중학교 자리 주변에도 대형 천막을 설치하여 피란민 수용소를 조성했다.

신선중학교 아래 지금의 영선동 곡각지 일대는 아미동 부립화장장이 설치된 1928년 이전까지 화장장이 있던 곳이었으며 주변은 거대한 공동묘지가 형성되어 있었다. 수용소에 들어가지 못한 피란민들이 공동묘지 주변에 움막처럼 집을 짓고 살기 시작했다. 뒤늦게 거제도, 제주도 등지에서 부산으로 온 피란민들은 이 공동묘지 가운데서도 점차 산자락 아래 묘지가 드문드문 자리한 곳에 움막을 짓고 살기 시작했다. 그곳이 지금의 흰여울마을이다. 지금은 이곳이 과거 공동묘지였다는 흔적을 전혀 찾아볼 수 없다. 필자는 10년 전까지 마을 안에 3기의 묘가 있었던 것을 기억하고 있다. 그 가운데 불과 3년 전까지 마을에서 중리 방향 끝자락에 마지막으로 남은 묘가 한 기 있었다. 이 묘가 흰여울마을 일대가 과거 공동묘지였다는 것을 보여주는 한 단면이었다.

마을 바로 위의 영선아파트와 영선 미니아파트 단지도 모두 공동묘지가 있었던 곳이다. 이곳 공동묘지는 일제 강점기인 1915년 당시 부산부에서 '영선정 산 40, 729, 730번지 일대 140,523평 규모의 조선인 공동묘지를 설정'하고 1918년에 '영선정 제2공동묘지로 영선정 43번지 2,439평 규모의 일본인 공동묘지를 설정'했다. 당시 영선정 산 40, 729, 730번지 일대는 현재 신선중학교가 들어서 있고, 일본인 공동묘지였던 영선정 43 번지는 현재 흰여울문화마을 위에 있는 영선아파트 단지 일대가 된다.

흰여울마을의 지형은 오랜 세월 동안 태풍과 같은 큰 비바람이 이곳 해안 벼랑을 침식시키면서 이루어진 바위투성이 산비탈이었다. 그래서 과거 이곳을 큰바람을 맞이하는 곳이라는 의미의 큰 大를 사용하는 대풍포(大風浦)라 불렀다. 바람이 잠잠해지기를 기다리는 곳이라는 의미의 기다릴 待를 사용하는 대교동의 대풍포(待風浦)와는 또 다른 지명이었다. 흰여울마을이 자리한 대풍포(大風浦)에서 오랜 세월 동안 풍우(風雨)에 씻겨 내린 토사들이 부산 남항에서 북항으로 흐르는 조류들에 의해서 낙동강 하구 토사와 함께 섞이면서 자연스레 대평동 해안 사구를 만들었다. 한글 명칭으로는 같은 대풍포이면서 한자로는 각기 다른 의미를 지닌 두 곳이 이런 지형적 관계를 맺고 있었다는 것이 놀라울 따름이다. 지형의 역사로 본다면 영선동 '흰여울마을'이 대교동 옆 대평동 '깡깡이마을'의 부모라 할까 선조격이 된 것이다. 아이러니하게 이 두 마을이 영도의 두 곳 문화마을이 된 것이 참 묘한 인연이기도 하다.

흰여울문화마을은 지금도 태풍이 몰아치면 바로 맞이하는 곳이다. 큰바람을 맞닥뜨리는 해안 벼랑 위에 마치 제비집처럼 주거를 이루면서 살아온 곳이다 보니 다른 피란민 마을에 비하여 그야말로 '벼랑 끝에서 살아온 삶의 마을'이라는 표현이 나온다. 지금 이 마을을 찾는 많은 관광객은 '한국의 산토리니'라 부르며 이곳에서 바라보는 해안 풍광을 즐기고 있지만 이곳을 살아온 사람들의 그간의 삶은 일반인들의 상상을 초월할 정도로 험난했다. 지금은 해안 쪽으로 담장이 둘러쳐져 있지만 70년대 새마을운동이 일어나기 전까지 이곳은 자칫하면 벼랑 아래로 떨어지는 낙상

사고를 당하던 곳이었다. 피란 초기부터 이곳에 살았던 분들 이야기로는 1959년 9월 17일 발생한 태풍 '사라'가 부산 경남지역 해안을 휩쓸고 갔을 때 엄청난 피해가 났는데 이 마을 집들 대부분 지붕이 다 날아갔을 정도였단다. 마을의 지형만큼이나 살아온 삶도 힘들었던 것이다.

지금은 흰여울마을길이 된 약 5백 미터에 이르는 길이 과거 중리로 가던 해안가 산길이었다. 피란민들은 이 산길 바로 위에 집을 짓고 살았다. 그 아래는 마치 수직 벽과 같은 벼랑 낭떠러지였기 때문이다. 경사가 심한데다가 집채만 한 바위가 드문드문 자리한 이곳은 원래 사람이 살지 않는 곳이었다. 이 흰여울문화마을이 생기기 전 이 일대 모습은 남구 이기대 해안 갈맷길과 같은 곳이라 생각하면 이해가 될 것이다.

온통 바위와 돌투성이었던 이곳에서 그들은 바위 주변에 돌을 쌓거나 흙을 얹어 평탄화하여 집을 짓거나 바위를 한쪽 벽으로 하여 옆으로 돌벽을 쌓아 집을 짓기도 했다. 마침 이곳은 봉래산에서 내려오는 도랑과 같은 작은 물줄기들이 있어 이 도랑 옆을 골목길처럼 여기며 통행했다. 지금의 골목길에 과거처럼 물이 흐른다고 상상하면 이 도랑 옆으로 난 길은 겨우 신발 한 짝 폭 정도 밖에 안되었다. 비가 내리는 날이면 길이 질펀한 것도 문제이지만 자칫 미끄러져 도랑에 빠지기 일쑤였다. 산자락을 타고 해안으로 떨어지는 열 곳이 넘는 작은 도랑들은 이들에게 마을 위로 오르는 통행로였다. 이 도랑의 해안 끝자락에 이르는 곳은 화장실로 사용했다. 우선 집을 짓기도 버거운 지형이어서 집의 규모도 겨우 2~4평 크기에 불과하여 별도 부엌이나 화장실을 마련할 처지가 못되다 보니 도랑 끝머리에 나무 막대를 세우고 가마니와 같은 거적 등을 둘러싸서 이를 화장실로 사용한 것이다. 세월이 흐르면서 1970년대 도시 새마을 운동 등을 통해 지금과 같은 공동화장실을 마련하여 사용하고 있다. 전기 가설도 다른 지역보다 꽤 늦게 들어왔고 상수도는 80년대 초반까지 공동수도나 마을에서 1.3km 정도 떨어진 지금 함지골 청소년 수련관 주변 산수도를 끌어와 이용했다. 당시 흰여울마을 주민 가운데 몇 분이 마을까지 산수도관을 매설해서 물장수를 하기도 했다.

산자락의 피란민들이 이룬 마을 가운데서도 영도 지역, 청학동 해돋이마을과 이 흰여울마을의 가옥들 특징 가운데 하나가 유난히 돌집이 많다. 외부 담벽뿐 아니라 집의 벽체도 돌을 쌓아 사이사이에 흙을 비벼 넣어 만든 집들이 많았다. 봉래산 자락의 많은 너덜지대에서 돌을 옮겨와서 집을 지었다. 특히 흰여울마을의 경우 다른 피란민 가옥들처럼 판자나 박스지 등으로 외벽을 해서는 태풍에 감당이 안 되었다. 지금은 돌을 쌓아 올리면서 사이사이 시멘트를 부벼 넣은 집이지만 과거에는 돌과 돌 사이에 흙을 부벼 넣은 형태였다. 그러니 태풍과 함께 몰려오는 비바람에 흙들이 씻겨져 나가면서 비바람이 벽 사이사이로 뚫고 들어오는 상황이었다. 시멘트가 일반에 보편적으로 사용되었던 시기는 1960년대 이후였으니 그전에는 일반 서민들에게 시멘트는 그야말로 언감생심이었던 것이다. 현재 흰여울마을에 초기 돌로서 벽체를 만든 집이 유일하게 한 집 남아있다.

초기 흰여울마을에 정착했던 분으로 현재 거주하고 계시는 주민 한 분(한 씨 성을 지니신 분, 2020년도 84세)은 13살이었던 당시 국민학교 3학년 때인 1950년 12월 23일 흥남부두를 떠나는 미군 수송선에 어머님과 누님, 그리고 여동생과 함께 피란을 내려왔다. 당시 연합군은 '지금 이렇게 후퇴하고 있지만 일주일만 떠나 있으면 다시 돌아올 수 있다'고 말했다 한다. 그 말을 믿었던 많은 피란민이 다 함께 피란을 내려오지 않고 일부 가족들만

2019년 2월 흰여울문화마을에 남은 옛 벽돌집

잠시 난리를 피한다는 생각으로 피란을 내려왔다 한다. 배는 꼬박 30시간 동안 항해하여 부산항에 도착했다. 부산항에 도착했던 이들은 다른 배로 갈아타고 거제도로 이송되었다. 정부와 대통령이 거처하는 부산에 너무 많은 피란민으로 인해 우려되는 일들이 많았기 때문이라 한다. 거제도 장승포에 도착하여 인근 피란민 수용소에서 생활하면서 배급으로 나오는 식량으로 생활했다. 배급으로 받은 식량도 하루 한 끼 정도에 불과한 양이었으나 그조차도 점차 시간이 지나면서 배급이 끊어졌다. 무일푼으로 내려온 피란민들에게 거제도는 그야말로 망망대해와 같은 바다앞에 선 과 같았다. 농어촌이었던 곳이니 일자리가 없었다. 운이 좋은 사람들은 미군 부대 등지에서 허드렛일을 하거나 혹은 삯바느질 등으로 생활하기도 하고 남의 집 일을 도우면서 그날그날을 살았다. 당시 일부 피란민들은 미군 부대 등지에서 일을 하거나 그들에게 생필품 등을 팔아서 받은 군표를 모아 부산으로 가져와 돈으로 바꿨다 한다. 일부는 부산에서 세탁비누, 양초, 성냥 등을 사 와서 장사를 하기도 했다. 이들로부터 부산에 대한 소식을 들었다. 우선 대도시인 데다 정부가 있고 부두마다 엄청난 물자들이 들어오는 곳이어서 막노동 등을 할 수 있어 거제도보다는 훨씬 생활하기 좋은 곳이라는 말에 많은 피란민은 귀가 솔깃했다. 아무렴 정부가 피란을 와 있는 곳인데 백성들을 굶기기야 하겠느냐 것과 사람들이 많으니 무엇을

영도 영선동 흰여울마을 일대(붉은색 점선 안)의 변천
_1956년 지도(왼쪽), 1971년 지도(가운데), 현재 지도(오른쪽)

해서라도 먹고 살 수 있을 것이라는 기대감도 있었다. 그리하여 한 씨 가족도 부산으로 왔다. 대교동에 있는 피란민 수용소를 배정받았으나 얼마 지나지 않아 새로 들어온 피란민 가족들에게 물려주고 영도 이송도에 정착하게 되었다.

지금은 흰여울마을이라는 예쁜(?) 이름을 달고 있지만 오랫동안 이곳은 이송도마을로 불렀던 곳이다. 흰여울문화마을이라는 이름을 달게 된 것은 이렇다. 2011년도에 국가에서 '도시활력증진 지역개발 사업'을 진행할 때 부산지역에는 영도구를 비롯한 7곳이 선정되었다. 당시에 영도구에서 흰여울문화마을의 폐공가에 생활 속 문화예술 창작공간 11곳을 지정하고 우선 5명의 작가를 선정해서 그 해 연말인 12월 27일 오픈식을 가졌다. 이때 과거 영선동 해안지역 마을 전체를 이송도라 부르던 것을 이 일대만 별도로 흰여울마을로 이름한 것이다. 흰여울은 '물이 맑고 깨끗한 여울'이라는 뜻인데 이 마을 초입, 그러니까 이송도 곡각지라 부르는 곳 바로 아래 지금 마을안내소가 자리한 곳 바로 뒤에 봉래산 계곡의 맑은 물이 마치 작은 폭포처럼 흘러내리던 곳이 있었다. 지금은 생활하수도가 뒤섞여 내려가는 하수구처럼 되어 버린 곳이지만 과거 이곳에서 이십여 미터 아래 해안으로 물보라를 일으키면서 떨어지는 맑은 물이 있었던 것에서 착안하여 마을 이름을 '흰여울문화마을'로 정한 것이다.

흰여울마을 위 지금 이송도 곡각지라 부르는 흰여울마을 입구에서 동삼중리로 이어지는 버스가 다니는 도로인 절영로는 3.6km에 이르는 데 1962년에 당시 폭 4m로 신설한 도로이다. 당시 1962년도에 절영로 초기 도로 개설은 당시 영도지역 곳곳에 피란민 판자촌이 즐비하고 실업자들이 넘쳐나니 판자촌 정비와 도로개설, 그리고 실업자 구제 대책의 일환으로 개설한 도로라 한다. 이후 1973년 11월 15일부터 지금과 같은 도로 폭으로 확장 공사를 해서 이듬해인 1974년 2월에 완공되었다. 그전에는 지금의 마을 길이 유일한 통로였다. 흰여울마을에서 위쪽 공동묘지였던 곳에 1969년 1월 영선아파트가 준공되고 이어서 1976년 8월 영선미니아파트가 준공되었다. 1976년도에 영선미니아파트 단지가 들어서면서 도로변에 위치한 주민들이 문방구, 쌀집, 반찬가게 등을 차리면서 많은 주민이 활력을 찾으면서 마을도 지금의 모습을 갖추게 된다.

흰여울마을은 길이는 500m가 넘지만 마을 폭은 30~40m 정도밖에 안 된다. 마을 위를 관통하고 있는 절영로 도로가 개설되기 이전 마을은 폭이 약 100에서 150m 정도 되었다. 1962년 절영로가 개설되면서 도로 위와 아래를 구분하게 되고 도로 위쪽에 사는 사람들이 흰여울마을을 아랫동네라 하대하면서 주민들이 상대적으로 멸시 아닌 멸시를 당하기도 했다. 이후 도로 위에 두 아파트 단지가 형성되면서 윗동네 아파트 주민들이 아랫동네에 대한 차별이 더욱 심했다. 즉 지금 영선아파트와 영선미니아파트 단지가 있는 곳은 경사가 그다지 심한 곳이 아닌데 흰여울마을 쪽은 경사도 심하거니와 바로 아래 이 십여 미터에서 삼십여 미터에 이르는 벼랑인 데다 당시 대부분 판잣집 주거 형태였기 때문이다. 특히 영선미니아파트는 당시로써는 제법 큰 규모인 약 20평 규모의 아파트가 들어서면서 아랫마을인 흰여울마을 주민들이 심한 박탈감을 느꼈다 한다. 아무래도 그 당시로는 새로운 주거문화가 형성되는 것이니 이곳 주민들 역시 어떤 차별감 같은 것을 느낄 수밖에 없었다. 이런 가운데서도 흰여울마을의 도로변에 위치한 주민들은 윗동네 아파트 주민들을 상대로 한 쌀가게, 반찬가게, 문방구, 철물점, 신발가게 등 각종 가게를 열면서 다소 여유 있는 생활

을 할 수 있었다. 아파트 단지 내 상가가 없던 시절이니 대부분 장사를 잘 되었다. 이로 인하여 흰여울마을에서도 도로변에 위치한 집들을 중심으로 콘크리트 슬래브 건물들이 들어서기 시작했다.

지금 이송도 곡각지에서 청학동으로 이어지는 영도 산복도로가 1959년에 개설되었다. 이송도 곡각지도 당시에 조성되었지만 1962년도에 이송도 곡각지에서 동삼 중리로 가는 절영로가 개설되면서 이송도 곡각지가 지금의 삼거리가 되었다.

지금 흰여울마을을 가보면 마을 아래 해안 벼랑에 거대한 콘크리트 옹벽들을 볼 수 있는데 이 옹벽들을 자세히 보면 이 지역이 얼마나 위험천만한 주거지인지 이해가 된다. 마을 아래 벼랑이 거의 45도에 가까워 마치 부산의 다랭이마을이라 부를 정도이다. 바위 벼랑 위에 지은 집들 하며 골목골목이 마치 미로처럼 얽혀있는 것을 보면 그런 표현이 나올 만하다.

특히 1962년도에 절영로 도로 개설 전까지 마을 폭이 100m 이상 되었을 때는 그야말로 다랭이마을과 같았다. 마을 아래 옹벽은 1959년 태풍 '사라'로 인해 큰 피해를 본 뒤에 마침내 1961년부터 공사를 시작했다. 당시이 일대에 180여 호 8백여 주민들이 마치 토막집을 이루고 살고 있었는데이 공사를 시행하던 회사가 마구잡이식 공사를 진행하는 통에 주민이 사망하는 사고도 발생했다. 지금 보아도 단순한 옹벽이 아닌 거대한 성채처럼 보일 정도로 당시로써는 공사 규모가 컸다. 이 콘크리트 옹벽공사에 많은 돌이 필요로 했다. 그래서 마을 위쪽 봉래산 기슭에 채석장을 마련해서주먹 크기의 돌을 캐서 아랫마을로 굴러 내린 다음 다시 30여 미터 높이해안으로 굴러 내리는 작업으로 공사를 했다. 지금처럼 덤프트럭으로 운반하는 형식이 아닌 채석장에서 공사 현장까지 돌을 굴러 내리는 원시적인 방법을 쓰다 보니 마을 아이들이 굴러 내린 바위 돌에 맞아 중상을 입

1970년 영도 흰여울마을 해안 산책로변의 가옥들

거나 즉사하기도 했다.

흰여울마을 아래에 절영해안산책로가 있다. 원래 이 길은 흰여울마을 중리방향 끝머리 부분에 거대한 암반이 가로막고 있어서 이곳까지만 연결되어 있던 것을 오래전에 흰여울문화마을과 연결되는 계단을 조성했다. 이로 인해서 해안산책길이 이 구간에서 가파른 계단을 오르락내리락 하는 통해 사람들이 힘겨워하던 것을 2018년 12월 산책로를 가로막고 있던 해안 암반을 터널로 뚫어 마침내 이송도 해안에서 태종대까지 무난히 해안 길을 산책할 수 있도록 했다. 이후 이 절영해안산책로와 흰여울문화마을이 서로 융복합문화로 자리매김하면서 2019년에 80만이 넘는 관광객이 몰리기도 했다.

지금은 산책로가 말끔히 정비되어 있어서 전혀 느낄 수 없지만 원래 이곳은 해안동굴 지나서 나타나는 해안과 같은 갯바위 해안이었다. 이런 곳에 1970년대 초까지 사람들이 판잣집을 짓고 살면서 횟집을 겸한 주점을 운영했다. 평소에는 해안 절경이 아름다운 데다 주변에 민가가 없어서 밤새도록 장구 등을 치면서 큰소리로 떠들며 술을 마실 수 있어서 많은 사람이 즐겨 찾았다. 하지만 태풍이 오면 이 일대는 파도가 십여 미터씩 치고 오르는 그야말로 위험천만한 곳이었다. 그런 곳임에도 생계를 위해 이곳에 주거하면서 주점을 차리고는 밤늦도록 술과 음식을 팔았다. 어느 날 갑자기 해일과 같은 파도가 크게 일면서 이곳 해안가를 덮치니 사람들이 해안쪽 입구로 나갈 시간이 없을 정도로 급박했다. 이 흰여울마을로 해안비탈길을 타고 오르는데 거의 수직에 가까운 벼랑인 데다 비로 인해 길이 미끄러우니 제대로 올라가지 못했다. 그래서 주민들이 옷가지 등으로 끈을 만들어 아래로 내려주어서 이를 붙잡고 오르게 했다고 한다. 먹고살기 힘들었던 시기에 언제 생각지 않은 봉변을 당할지도 모르는 상황에 처한 장소임에도 불구하고 이렇게 목숨을 걸고 생활했던 사연들이 우리가 즐겨 걷는 길 한쪽에 역사처럼 남아있다.

　한국전쟁 발발로 인해 남으로 내려왔던 피란민들 가운데 벼랑 끝에 내몰린 삶을 마치 현장에서 보여주듯 어렵고 힘들게 살아왔던 곳이 바로 흰여울마을이다. 2011년 국가에서 '도시활력증진 지역개발 사업'을 진행할 때 과거 이송도마을에서 흰여울마을로 명칭이 바뀌면서 나름대로 삶에 희망을 지니고 살아왔다. 더욱이 2013년 12월 개봉한 영화 〈변호인〉이 관객 1,137만 명을 돌파하면서 영화의 무대가 되었던 흰여울마을이 새로운 관광지로 부각되었다. 영화 〈변호인〉은 1981년 제5공화국 정권 초기 부산 지역에서 벌어진 '부림사건'을 모티브로 사건과 인물 모두를 영화적으로 재구성한 것이다. 이 영화의 주인공으로 나오는 변호사 송우석이 고 노무현 전 대통령과 오버랩되면서 1980년대라는 특별한 시대를 살았던 평범한 이들의 수난이 많은 사람의 공감을 받았다. 특히 주인공 송강호가 앉아 국밥집 주인역인 김영애를 기다리다 잠이 들었던 계단이 있는 집이 '이런 곳에서 어떻게 살았을까?'하는 관광객들의 공감과 더불어 마을 앞에 펼쳐진 바다의 풍광이 아름다워 누구나 한 번쯤 가 보아야 할 장소로 부각되었다. 절영로 도로가 개설되기 전인 1961년에는 절영로 위쪽에 거주하던 주민들을 포함하여 180여 호 8백여 주민들이 살고 있었지만 지금은 거의 절반으로 줄어들었다. 물론 초기 대부분 3~4평 토막집 형태 아니면, 2~3평 규모의 집에 세를 들어서 살던 시기와는 비교할 바가 못된다. 일부 떠나는 주민의 집을 사들여 규모를 늘인 곳이 많았고, 당시에 비

2019년 2월 흰여울문화마을 담장

해 출산율 떨어진 상황들로 인해 60년 전에 비해 인구가 다소 줄었다. 게다가 이 일대 생활환경이 좀 열악한 데다 개인 자가용 주차공간이 없다 보니 경제적 여유가 생기면서 좀 더 생활환경이 나은 곳으로 이주해 가신 분들도 있었다. 많은 관광객(2020년 기준 82만 명)이 모여들면서 나름 도시재생의 보람을 느끼기도 전에 주민들은 지금은 또 다른 문제에 봉착하고 있다.

2020년 10월 29일 자 부산지역 일간지에 실린 "흰여울마을의 역성... 주민 떠나고 카페만 남았다"는 보도가 이를 잘 대변해 준다. 마을이 관광

흰여울문화마을 영화 촬영지

지로 변해서 지가는 3배로 급등하고, 2016년 1월 654명이던 주민이 지난
1월 기준으로 463명으로 줄어 4년 새 30% 주민이 떠났다는 것과 이 작은
공간에 무려 27개의 카페가 들어서면서 문화와 사람은 사라지고 자본이
춤추는 부동산 투기 현장이 되었다는 내용이다.

　도시재생이나 문화마을을 실행하면서 거주민들에 대한 최소한의 배려
가 전혀 수반되지 않다 보니 결국 투기꾼들의 먹잇감이 된 현장이 되어 버
린 것이다. 이미 감천문화마을에서 나타난 현상, 즉 원주민이 쫓겨가고 자

본의 투기현장이 된 또 하나의 사례가 된 것인데 물론 이곳에 본인 명의의 부동산을 가지신 원주민들이야 표정 관리를 하겠지만 세를 들어 사시는 분들이나 불하받지 못한 국공유지에 주거하시는 분들은 참담하기 이를 데 없는 상황이 되어 버렸다.

양산 영천초등학교 교사, 부산문화재단 시민작가
양산 영천초 교사로 일하고 있으며 BISTEP 시민정책자문단,
부산시 부비 리포터, 부산의 길 모니터 및 부산문화재단 시민평가단 등
김홍표 ● 다양한 활동을 하고 있다.

피란수도 아미동·감천동을 이야기하다

김홍표

1. 아미동 마을

곡정에서 아미동으로

'아름다운 미인의 눈썹'일까? 아니면 중국 쓰촨성의 산, 경복궁 교태전 후원에 있는 가산과 아미동하고는 무슨 관련이 있을까 궁금하다. 궁금증을 풀기 위해 부산문화출판 시민작가 홍표 씨는 아미동 까치고개를 올랐다. 부산 서구와 사하구 경계의 아미산에 자리 잡은 동네인 '아미동'은 움집을 말하는 '애막'에서 아미로 변했다는 설과 반월형 토성인 아미월이 있는 아미골에서 유래되었다는 이야기에 궁금증을 더 자아낸다. 까치고개를 쉬엄쉬엄 오르니 도롯가 바위에 걸터앉은 아미동 거주 조유출(여, 85세)님이 쉬고 계신다. 아미동에 대해 알고 싶다고 하니 기꺼이 응해주신다.

"젊은 양반, 걸어온다고 힘들지요?"

"아닙니다. 괜찮습니다."

아미동 거주 조유출 씨

외지에서 온 홍표 씨에게 기꺼이 말을 건네준 고마움을 표한다.

"할머니 건강은 어떠세요?"

"교통편이 불편하여 시내에 볼일 있으면 까치고개에서 여러 번 쉬어갈 정도에요."

"할머니, 일제 강점기 때의 아미동의 모습이 궁금해요. 어르신들에게서 들은 이야기를 좀 들려주세요."

옛 기억을 떠올리느라 한참을 뜸을 들이며

"아미동이라! 어르신들은 이곳을 '곡정'이라는 불렀지요. 현재 부산대학병원이 자리한 주변을 제외하고는 대부분 깊은 산골짝이죠."

"어느 정도 골짜기였나요?"

"산비탈이 심하고 산자락 길이 옆으로 서너 번 꺾이는 형태의 길이죠. 험했지만 조선시대 옛길이죠. 동래에서 부산진을 거쳐 다대진으로 가는 지름길이죠. 현재 아미파출소에서 아미초등학교를 지나 감천문화마을로 가는 도로죠."

"경치는 어땠나요?"

"요즘은 빌딩 숲에 막혀있어 갑갑하지요. 옛적에는 여기만 한 경치가 없을 정도였죠. 부산항을 한꺼번에 내려다 볼 수 있었으니까요."

"길에 얽힌 재미난 이야기는 없을까요?"

"꽃을 꺾어 머리도 꽂기도 하였죠. 가끔 자잘한 도난 사건부터 성추행까지 일어나기도 했죠. 저는 부모님 손잡고 꼭 붙어 다닌 기억이 지금도 생생하죠."

까치고개 화장장 이야기

"아미동을 걷다 보니 도로명에 '까치고개'라는 말이 있던데요?"

"옛날에 화장장이 있어서 그렇다는 이야기가 있지요. 천마산과 아미산 사이의 고개를 까치고개라 합니다."

"아미동과 까치고개라 재미있네요?"

앞은 자리에서 (천주교아파트) 손가락으로 가리키며,

"들은 바로는 1928년에 화장장이 설치되었는데 영혼을 달래는 위령제

천주교아파트

가 열려 그때마다 제물의 음식을 차리니까 그 음식을 먹기 위해 까치들이 몰려들었다 해서 까치고개가 되었다고들 하지요. 그리고 '까치고개'가 '같이고개'라는 말도 있습니다. 이 '같이고개'가 '가치고개'라 했는데 어느날 '까치고개'로 변했답니다. 아마 된소리 발음 때문이겠지요."

"왜 '같이고개'였나요?"

"옛날 옛적에 이 고개 위에 금슬이 좋은 노부부가 살았답니다. 이 부부가 항상 하는 말이 '살아도 함께 살고, 죽어도 함께 죽자'고 다짐하며 살았답니다. 그런데 실제로 두 분이 한날한시에 돌아가셨답니다. 그때 이후로 이 고개를 '같이고개'라 했는데 어느날부터 '까치고개'라 부르고 있답니다."

부산광역시 문화관광부/ 문화예술과 자료에 의하면 1876년 부산포가 개항하면서 과거 초량왜관인 광복동, 용두산공원 일대가 일본전관 거류지가 된다. 이후 많은 일본인이 조선을 식민지로 삼고 가족들까지 데리고 와서 눌러앉아 살게 된다. 시간이 흐르면서 마치 자기네 땅처럼 여기게 되고 사망한 사람들이 대청로 북쪽에 있는 복병산 남쪽 자락에 공동묘지를 조성한다. 그 시기가 1892년이었다.

1905년 대청로 주변 북병산 자락을 절개해서 도로를 넓히면서 그들의 공동묘지를 아미동으로 옮기려는 일이 1906년에 일어난다. 을사늑약이 체결된 1905년 부산 일본거류민회에서 대청로 주변 북병산 자락을 절개해서 도로를 넓히는 계획을 수립하면서 그들의 공동묘지를 아미동으로 옮기려는 일이 1906년에 일어난다. 그들이 이전하기로 한 아미동은 당시 다대포로 가는 길목에다가 부산의 3대 빈촌, 조상들을 높은 곳에 모셔 둔다는 의미에다 주민들의 집단 항의를 받을 염려가 적어 이곳을 택했다 한다. 당시 일본인들의 공동묘지 이전뿐 아니라 부산부의 화장장 신설에 대하여 곡정(谷町) 주민들의 화장장 이전과 관련한 반대는 오늘날과 같이 지역 주민들에게는 심각한 문제로 받아들여진 것 같다. 1928년 1월 28일자 '동아일보' 기사를 보면 " -반대의 기세는 갈수록 맹렬, 부산 곡정 화장장 문제- 부산 곡정(현 아미동) 한복판에 화장장을 설치하기로 부협의회에서 결정하여 도지사의 허가를 받게 되었으므로 그 부근주민은 즉시 반대 운동을 일으키어 열렬히 활동 중이다"가 보도되었다. 아미동 화장장은 오늘날 신창동 대각사 자리에 들어서 있던 일본불교 동본원사 부산별원이 사설로 운영하였는데 지금의 아미동 은천교회 주변이다. 1929년 사설화장장들이 시설 미비로 민원이 발생하자 부산부가 최신 시설의 부영화장장 건설을 계획하고 신설 장소로 예정한 곳이 현 아동종합보호센터 자리였는데, 이곳은 아미동 마을 주민들의 식수로 사용하는 개울물과 공동우물로 이용하는 곳이었다. 그래서 화장장 예정 자리는 장제장으로 바뀌고 화장장은 더 위쪽으로 올라간 아미동 천주교아파트 자리로 부영화장장이 세워진다. 아미동 공동묘지에는 화장과 납골 문화가 발달한 일본인들의 가족묘와 개인 묘가 빼곡히 들어선다. 1945년 8월 15일 패망과 함께 일본인들은 황급히 귀국길에 올라 수백여 기의 일본인 무덤은 그대로 남겨졌다.

은천교회 목사님 아미동 이야기

　조유출 할머니의 이야기에 시간가는 줄 모르고 있던 홍표 씨는 아미동의 이야기를 더 듣기 위해 은천교회를 찾았다. 사전 약속을 한 것은 아니지만 박현규 목사님께서 미리 밖에 나와 계셨다. 목사님께서 기꺼이 인터뷰를 허락해주어 교회 안 사무실로 들어갔다.

　"코로나19로 신도들과 대면을 못해 힘들지요?"

　"아닙니다. 교회 대면보다 안전이 더 중요하지요."

　"제가 듣기로는 은천교회 역사가 참 길다고 하던데요."

　"우리 교회는 1955년 11월 20일 아미동 주민들과 감리교회 미군들이 세운 '은첸교회'로 한국전쟁 발발 시 북한에서 부산으로 피란을 내려온 한명리 장로와 그의 아들 한창교 장로가 피란민들이 운집해 있던 이곳에 천막교회를 설립한 은천교회에서 출발하였죠."

　"그러면 교회가 주민공동체 구실을 했겠네요?"

　"다들 형편이 어려울 때라 교회와 주민들이 늘 함께 삶을 했다고 보는 것이 좋겠죠. 교회가 야학, 놀이터, 생필품 보급소 역할까지 했지요. 특히 주민들이 세운 교회라 자부심도 대단했고요."

　"최근 임시수도기념관에서 2020년 임시수도기념관 특별전

은천교회 박현규 목사

'피란수도 부산 이야기'전이 열리고 있습니다. 한국전쟁 때 아미동의 피란터에 대해 이야기를 들려주십시오."

"우선 하소연 한 가지 하겠습니다. 바로 위 아미동 행복주택 공사를 하는 것을 봤죠. 그 공사로 인해 65년 된 교회 건물의 반이 뜯겨 나갈 처지죠. 65년 된 화강석으로 조성한 교회 건물은 우리 민족의 기억장치가 있는 건물인데도 참 아쉽죠."

홍표 씨가 보존해야 한다는 맞장구를 치니 목소리 톤이 올라간다.

"시청과 구청에서는 뭐라 하죠?"

"서구청과 부산시에 민원을 제기해도 막무가내로 도로를 내겠다고만 하죠. (한숨 돌리며) 생각이 바뀌면 모두 다 살릴 수 있는데…"

차 한 잔으로 기분을 돌리며 말을 이어 나갔다.

"목사님, 아미동 피란터 이야기 좀 들려주시죠?"

"6·25전쟁 때 전국 각지에서 부산으로 사람들이 몰려들었죠. 아미동 공동묘지는 피란민들의 삶의 터전이 되었죠. 당시 뒤늦게 부산으로 피란을 내려오신 분들이 오갈 데 없어 길에서 노숙을 하며 헤매고 다니니까 시 당국에서 이들에게 대형 군용 천막을 나누어 주면서 이곳으로 가라고 해서 천막 피란민수용소가 형성되었지요. 당시 거의 열 가구 당 천막 1동씩 나누어 주었다 해요. 그러다 시간이 흐르면서 천막이 헤지거나 하고, 또 사생활 보호 문제도 있고 해서 주인 없는 이곳 일본인 납골묘를 헐어서 집을 지은 것이지요. 건축 자재도 없고 하니 경계석과 비석은 정말 좋은 집 재료였지요."

"그래서 아미동 비석문화마을이라 하는군요?"

"예, 그렇죠. 지금도 산상교회 주변에 비석 위의 집들을 볼 수 있으

아미동 피란사 자료 ⓒ1023 피란수도 흔적길 도롯가 안내판

니까요."

"아미동 화장장은 그 뒤 어떻게 되었나요?"

"아미동 화장장은 1957년 당감동 현 개성고등학교로 이전했다가 1995년 현재 영락공원으로 이전하였지요. 현재는 셉테드와 산복도로 르네상스로 인해 '아미동비석문화마을'로 재탄생하였지요."

"은천교회에 관한 이야기 좀 들려주시지요."

홍표씨 에게 보여줄 사진이 있다며 책장에서 사진첩을 꺼낸다. 한국전쟁 때의 아미동, 아이들, '은천교회' 사진이다.

"한국전쟁 당시 피란민들이 배고프고 공부할 처지가 못 되었지요. 감리교회 미군들이 강냉이죽과 분유로 아미동 주민들에게 베풀면서 허기와 공부 열정을 불태웠죠. 선교사들이 찍은 사진이죠."

"역사적인 사진이네요?"

"교회 역사 사진 자료라 소중히 간직하고 있죠."

"사진을 찍어도 될까요?"

은천교회 과거 ⓒ박현규 목사　　　　　　　　　　　　　은천교회 현재

　목사님께서 흔쾌히 허락하신다. 사담도 나누고 최근 코로나19와 관련된 이야기도 곁들이고 나니 목사님과 더욱 친밀감이 생겼다. 홍표 씨는 짓궂은 질문을 하나 건넨다.

　"목사님, 믿거나 말거나 하는 이야기! 아미동에 얽힌 괴담도 들려주시지요."

　"아미동 비석을 자세히 보면 일본어 글자들이 오돌토돌 새겨져 있어요. 빨래판으로 손색없고, 유골 그릇은 항아리로 재활용으로 썼지요. 비석을 빨래판으로 쓰니 귀신들이 "이따이 이따이"거리며 아프다고 울고, 항아리 유골 그릇에 뜨거운 물을 부으면 "아쯔이 아쯔이" 뜨겁다고 울지요. 현재도 그런 귀신의 일본어 음성 "이따이 아쯔이"가 들린다고 전해지죠. 귀신들도 자신들이 조선에 했던 만행을 알고 있는지 사람들에게 해를 가하지 않는답니다."

　재미있는 괴담을 들으니 시간 가는 줄 모른다.

　"마지막으로 제일 기억에 남는 일을 꼽는다면 무슨 일일까요?"

비석문화마을 비석

"얼마 전 마이삭, 하이선 태풍이 올라왔지요. 앞으로 더 위협적인 태풍이 온다고들 하지요. 지금도 기억이 생생한 사라호 태풍은 정말 엄청났지요. 1959년 9월 17일 추석날, 폭풍우를 동반한 사라호는 정말 무서웠지요. 파도와 해일이 항구와 포구를 휩쓸었고 하천을 범람시켜 마을과 거리를 물바다로 만들었으며 교통과 통신마저 두절시켜 도시와 농촌 할 것 없이 공포의 아우성이었지요. 뜬눈으로 밤을 지새웠고 모든 것이 부서지고 무너져 처참 그 자체였어요."

아미동에서 누굴 만나 인터뷰를 할까 고민하던 차 조유출님과 은천교회 목사님를 만난 건 행복이었다. 깊은 감사를 드린다.

은천교회 신도들(위 왼쪽) 아미동 마을 모습 (위 오른쪽) 은천교회 공사 모습 (아래) ⓒ박현규 목사

아미동 인물들

아미동에는 미국인 신부 '알로이시오 슈왈츠', 〈눈물젖은 두만강〉의 김정구 선생, 프로복싱 15차 방어 성공한 장정구, 〈안개〉의 가수 정훈희 씨가 자란 동네로 유명하다. 여기에 부산농악의 원류 아미농악 '김한순', '유삼용'과 사진작가 '최민식'의 다큐멘터리가 고스란히 담긴 비석문화마을을 품고 있다.

2. 태극도마을

태극도마을에서 60여 년 살았제!

감천문화마을 입구에서 발열체크, 방문록 작성 후 최순이 할머니(여, 86세), 동네 주민 두 분을 바람골목에서 만났다. 어찌나 반가운지 넙죽 인사하고 바닥에 앉으니 어디서 왔냐고 묻는다. 태극도마을 인터뷰하러 왔다니 여기 바람골이라 시원하다며 친절하게 맞아준다. 최순이 할머니는 충청도에서 태어나 태극도를 믿는 남편 따라 경기 여주에서 살다가 20세 때 태극도 본부가 부산 보수동으로 이전하면서 그곳에 살다 1955년 이곳으로 집단 이주할 때 와서 지금까지 감천동에서 사신 분이다.

"할머니 건강은 어떠십니까?"

"고만고만해요. 밥 잘 먹고 감천문화마을 주민들과 집 앞 골목에서 담소 나누며 하루를 보내지요. 요즈음 귀와 눈이 점점 멀어져 가서 걱정은

됩니다만."

"건강 유지에 비결은 있습니까?"

"큰 욕심 부리지 않는 것이 건강의 비결이지요. 남한테 돈 빌리지 않고 사는 것이 제일 부자지요. 5남매를 여기서 키웠고 지금까지 감천동에 살아온 것이 행복이지요."

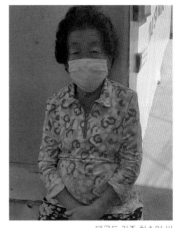
태극도 거주 최순이 씨

"태극도마을 생활은 어떠세요?"

"옛적, 다들 어려운 시절이었지요. 하지만 이웃끼리 음식 나눠 먹고 숟가락이 몇 개인지 알 정도로 지내니까 서로 의지하며 살았지요."

오고 가는 사람들과 이야기를 나누는 통에 몇 번이고 대화가 끊겼다.

"둘째, 손자 낳았나?"

"예, 자갈치 가서 미역 살라고요"

"그래, 축하해"

서로 정감을 주고받는다.

"할머니, 마을이 문화마을로 지정되어 더 좋지요?"

"아니 아니, 관광객들이 너무 많아 인간미가 없어 싫어. 지역민들도 돈을 너무 밝혀 문제야."

"감천2동을 태극도마을이라 부르지 않습니까?"

"감천으로 이사 오니까 감천2동을 '안골샘' 혹은 '안골새(마을이 감천항 안쪽 산비탈에 자리 잡고 있다고 하여 부른 이름)'라 부르더군요. 원래 안골새에는 열 가구 남짓 살고 있었답니다. 한국전쟁으로 부산이 피란수도가 됐을 때 허름한 하꼬방 같은 집들로 인해 화재가 참 많이 일어났습니다. 53년 겨울에 역전 대화재며, 54년에 매축지 대화재, 용두산 대화재 등등 불이 났다 하면 한 동네가 온통 쑥대밭이 된 거지요. 당시 태극도가 보수동 산자락에 800세대가 넘는 집단부락을 이루고 있으니 정부와 시 당국에서 시내 한가운데 하꼬방 같은 집들이 불이 나면 온통 불바다가 되니까 다른 곳으로 이주해 주었으면 하고 권고를 해서 1955년 7월 보수동에 있던 태극도본부와 도인들 모두가 이곳으로 집단이주를 해왔지요. 그래서 태극도 마을로 불리지요."

"1955년이라, 고생 많이 하셨겠네요?"

"이루 말할 수 없지요. 당시의 생활은 밥을 먹을 수 없을 만큼 궁핍하였지요. 노깨가루(밀의 껍질)로 연명하였지요."

"옛날과 오늘날, 언제가 좋은 것 같아요?"

"둘 다 좋은 시절이지만 옛날이 더 좋은 같아."

"할머니, 왜 그리 생각하세요?"

"5남매 키울 때 그때가 그리워요. 좁은 방이지만 서로 의지하고, 부족하지만 서로 나눠 가지면서 살던 때가 좋아."

잠시 옛적 생활이 그리웠던지 눈가에 살짝 물기가 고인다. 아마도 두 어깨에 짓눌린 삶의 그늘을 지워내서 그러리라 짐작이 된다. 자식들이 그립고 사람들을 보고 싶은 것은 인지상정이란 말이 스쳐 지나간다.

"할머니, 태극도는 어떤 종교인가요?"

"도주 조철제 님이 세운 종교죠. 태극도 마을 초기에는 1,000여 가구 수천 명이 넘는 교인이 살았죠. 1958년 도주 조철제가 사망하면서 교단은 분열되어 오늘날에 이르고 있어요."

"지금도 태극도 본부에 가시나요?"

"나이가 들어 거동하기가 불편하여 가질 않아요. 소문도 흉흉하고⋯
증산교 믿은 것에 후회는 없어요."

"태극도마을 세울 때 직접 참여하였나요?"

"그때는 신도들이 변변한 장비 없이 손으로 돌 나르고 직접 마을을 지
었지요. 9개 구역으로 나누어 경사면을 이용하여 집과 집들을 질서 정연
하게 세웠고요. 감천고개에서 옥녀봉 쪽으로 1감~4감으로 나누어 계단식
택지를 구획하고 본부가 자리한 중앙 지대 5감 남단에서 천마산 자락으로
가는 쪽으로 6감~9감을 만들었지요."

"그 후 감천은 어떤 변화를 겪었나요?"

"감천동 일대 판잣집들은 1960년대를 지나면서 슬레이트 지붕집으로,
1980년대에는 슬래브 주택으로 바뀌었지요."

옆에 계시는 할머니 한 분이 말 거들며

"너는 시부모가 참 잘해주셨잖아?"

"그랬지. 시부모님 지금도 그리워."

"시부모님이 어떤 분이시길래 그래요?"

"제가 젊었을 때, 자갈치에 있는 회사를 다녔죠. 시부모님께서 꼭 아미
파출소에서 기다리셔서 저를 감천동까지 꼭 데려올 정도로 정성을 다하
셨죠. 그때는 고갯길이 위험했으니⋯ 항상 부모님께 감사한 마음을 가지
고 있죠."

흔쾌히 인터뷰에 응해준 최순이 할머니께 이 자리를 빌려 감사 인사를
드린다. 서글서글한 목소리에 입담도 세셔서 홍표 씨에게 쉽게 자리를 떠

나지 못하게 하는 매력이 있는 분이다. 태극도마을에서의 삶의 진미를 느끼게 하는 좋은 인터뷰였다.

부산 지명에 '감'이 있는 이유

부산에는 '감'과 관련된 지명이 많다. 감만동, 감천동, 당감동 등이다. 특히 감천동은 역사적으로 옛 이름은 감내이며 감(甘)은 '감, 검'에서 온 것으로 '검'은 신이란 뜻이다. '川'은 '내'를 말한다. 그 이전에는 '內'를 적어 '甘內來里'이며 감내(甘內) 또는 감래(甘來)라고 하였고 '다내리(多內里: 다대 안쪽마을)'라고도 불렀다고 전해진다. 선사시대 사람들이 살기에 적합한 곳으로 청동기 시대 고인돌 6기가 발견된 것으로 보아 부족사회 권력자가 살았던 지역으로 추측되는 지역이다. 고인돌 주변에서 김해식토기편, 우각형 손잡이가 발견되고 그 외 석구, 토기편, 유구석부, 옹관장 등이 발견되어 부산대학교 박물관에 보관되어 있다. 삼성여자고등학교 동남쪽 일대에서는 고려시대 기와 조각이 많이 나왔고 조선시대에는 감천만을 출입하는 배와 사람들을 검문하는 수문과 공청이 존재하였다고 전해진다. 일제 강점기에는 일본군 주둔지였으며 감천1동 '감내포' 주변으로 1945년 전후로 100여 가구가 살았다. 1962년 부산화력발전소가 들어서면서 아름다운 절경인 감천만 해변에 있던 큰 소나무, 몽돌 자갈밭이 없어졌다.

태극도 신성봉 할아버지 이야기

　태극도마을 태극도본부가 코로나19로 전면 폐쇄되어 태극도 능소(태극도주 정산 조철제의 무덤)를 찾아갔다. 능소 벌초하는 날이라 신도들이 능소 관리와 향나무를 전정하고 있다. 태극도 호령 직책을 맡은 신선봉 할아버지를 만나 인터뷰를 청했지만 처음엔 완강하게 거절당했다. 거듭된 설득에 마음의 문을 열고 인터뷰에 응해주었다.

　"많은 분이 능소를 관리하시네요?"

　"이번 달 능소에 많은 손님이 오시죠."

　코로나19로 사회적 거리를 유지한 채 인터뷰를 진행하였고 능소 주변에는 관리인들이 무척 분주하다.

　"태극도를 어떻게 접하게 되셨나요?"

　"부모님께서 믿으셔서 어려서 자연적으로 접하게 되었죠. 태극도 내부의 사정으로 대순진리회에 있다가 다시 태극도로 돌아왔지요. 지금은 능

태극도 본부　　　　　　　　　　　　　　　태극도 능소

태극도 호령 신선봉 씨

소를 관리하고 있지요."

"왜 대순진리회에서 태극도로 오셨나요?"

"내가 잘 났네 하는 소리 듣기 싫어 나왔지."

"'내가 무엇인가?' 찾아도 힘 든 판에… 모두 잘난 체만 하 니… 태극도로 다시 왔지요."

"태극도마을은 어때요?"

"지금 감천문화마을엔 주민들 의 20% 정도가 신도죠. 하지만 대부분의 주민이 태극도를 싫어하고 입방 아를 많이 찍지요. 개구리, 올챙이 적 마음을 몰라요."

몹시 감천문화마을 주민들에 대한 서운한 마음을 가감 없이 표출하였 다. 더 깊이 들어가야 신선봉 할아버지 마음을 이해할 것 같았다.

태극도 알아가기

한국민족문화 대백과사전에 의하면 태극도는 1921년 조철제(趙哲濟)가 세운 증산교 계열의 신종교다. 증산교의 창시자인 강일순(姜一淳 : 호는 甑山)의 누이동생 선돌부인을 만나 1921년 무극대도(無極大道)라는 교명으로 교단을 창립하였다. 일제의 종교운동 탄압인 '유사종교해산령'에 의해 교당 건물이 철거되고 본부는 해체된다. 1948년, 조철제는 본부를 부산시 보수동으로 옮기고 태극도라는 명칭으로 다시 포교활동을 시작하였다. 1955년, 그는 3천 세대 1만여 명의 신도들을 부산시 감천동으로 집단 이주시켜 도인촌을 건설하였다. 1958년 조철제가 사망하자, 태극도는 조철제의 아들인 조영래(趙永來)의 구파와, 조철제의 사망 직후 잠시 종단의 책임직인 도전(都典)을 맡았던 박한경(朴漢慶)의 신파로 분리되었다. 박한경의 신파는 그 후 서울로 이전하여 대순진리회(大巡眞理會)라는 별도의 종단을 설립하고 태극도는 전국에 123개의 교당과 약 18만여 명의 신도를 갖고 있다.

"태극도는 어떤 종교입니까?"

"태극도는 증산교 일파로 1925년 조철제 님이 무극대도를 창시하고 8·15 광복 후 태극도로 개칭한 종교죠. 상제 강증산을 신앙의 대상으로 태극도를 믿으며 도를 닦는 종교죠."

"주민들과의 화합이 어려울까요?"

"서로 간에 불신이 심해요. 태극도의 진리를 왜곡한 일부 주민들에 대한 섭섭한 마음, 지역민은 대순진리회에 가까운 경향이 강해 혼란스럽죠. 언젠가는 정리가 되겠죠."

능소 관리에 바쁜 할아버지를 계속 붙들고 인터뷰하기가 힘들었다. 감사 인사를 하고 난 뒤 능소를 한 바퀴 돌아보는 행운을 얻었다.

한국의 마추픽추 감천문화마을

홍표 씨는 더 많은 궁금증이 있어 감천동 문화마을 운영협의회 전화 인터뷰를 청했다.

"안녕하세요. 태극도마을인 감천문화마을에 대해 알고 싶어요."

"예, 현장에 오시면 운영협의회의 해설사님이 해설을 합니다."

"그래요. 참 좋은 기회네요."

"전화로 미리 예약하시고 해설료가 50,000원입니다."

해설료가 있다니… 주저거리며 전화로 약간만 물어보겠습니다.

"감천문화마을이 전 세계적으로 유명하게 된 계기가 어디에 있다고 보십니까?"

1950년 12월 3일(부산 서구, 중구 항공사진)
Aerial photograph of Seo-gu and Jung-gu, Busan, December 3, 1950

김한근(부경근대사료연구소)
m Han-geun (Bukyung Modern Historical Materials Research Institute)

감천마을 모습(1950년대)
Photo of Gamcheon Village (c. 1950s)

우물 앞 줄지어 있는 물동이 행렬
Water potteries standing in line in front of a well

감천마을 모습(1960년대)
Photo of Gamcheon Village (c. 1960s)

BUSAN, 1957(고, 최민식) : 1957년 마을 전경
BUSAN, 1957 (by late photographer Choi Min-shik):
Panoramic view of the village in 1957

감천문화마을 옛날 사진들 ©작은박물관

감천문화마을 현재 모습

"2009년 사하구 무지개공단 예술문화단체인 '아트팩토리인다대포'가 문화체육관광부의 마을 미술 공모에 당선되어 '꿈을 꾸는 부산의 마추픽추'라는 공공 미술 프로젝트로 출발하였죠. 설치 미술을 전공한 작가들이 마을에 미술작품 10여 점을 만들어 문화예술적 가치를 불어 넣었죠. 연이어 진행된 2010년 '미로미로 프로젝트'가 마을 안으로 더 깊숙이 들어와 태극도 마을에서 '문화마을'로 성격이 바뀌었죠."

"태극도마을에서 감천문화마을로의 변화라 …"

"감천의 특색과 역사적 가치에 지역 예술인들과 마을 주민들이 모여 '마을미술 프로젝트'가 진행형이에요. 2019년에 감천문화마을을 찾는 관광객이 308만여 명이 찾았죠. '한국의 산토리니', '한국의 마추픽추'라고 불리기도 하지요."

"앞으로 감천문화마을이 더욱 발전하려면 어떻게 해야 할까요?"

"최근 코로나19로 인해 방문객이 많이 줄었지요. 감천문화마을을 더욱 활성화하고 주민들의 불편 해소대책을 마련한다면 매력적인 국제관광도시가 되지 않을까 싶네요."

"감사합니다."

피란수도 아미동과 감천동 취재를 마친 홍표 씨. 피란수도 부산의 비석문화마을과 감천문화마을이 보다 더 인간적인 매력이 지닌 관광지가 되었으면 하는 바람을 안아 본다. 또한 두 문화마을이 안고 있는 행정적, 구조적인 문제들이 조속히 해결되길 기대한다. 김구 선생의 말씀을 떠올린다. '나는 우리나라가 세계에서 가장 아름다운 나라가 되기를 원한다. (…) 오직 한없이 가지고 싶은 것은 높은 문화의 힘이다.' 새로운 과제를 마음 속에 가득 담아 오며 집으로 발걸음을 재촉한다.

향토사학자

약 35년 전부터 우리 역사와 문화를 좋아하여 전국을 탐방 다녔다.

1990년대 후반부터 부산의 역사에 미쳐서

근대 시기 부산과 경남지역의 옛 사진과 지도 등을 수집하여

김한근 ● 향토사 분야를 연구하는 〈부경근대사료연구소〉를 운영 중이다.

흔적은 사라져도
삶의 희망이 전해오는 곳

김한근

피란수도 부산 시기 부산으로 온 피란민들을 분류해보면 크게 4단계로 나누어진다. 초기 전쟁 발발 시 경기도, 강원도, 충청도 등지에서 부산으로 내려 온 경우와 전쟁 발발 후 남한 내 적치 하의 시달림을 피해서 부산으로 이주한 경우, 그리고 1950년 12월부터 시작된 소위 1·4후퇴 시기 북한지역에서 부산으로 바로 내려온 경우, 그리고 당시 북한지역에서 미군 함정 등에 승선하여 남한으로 내려왔으나 거제도, 제주도 등지로 분산되어 피란을 갔다가 생계 문제 등으로 부산으로 옮겨온 경우 등이 있다.

한국전쟁 발발 직전인 1949년 부산 인구는 470,750명이었다. 이 숫자는 오늘날 340만 인구에 비하면 턱없이 적은 인구로 이해되지만 당시로써는 엄청난 인구(?)였다. 1930년대 중반 당시 부산부에서 30년 후인 1960년대 중반 부산을 인구 30만 명에 대비하여 도시 계획을 했기 때문에 당시 47만이 넘는 인구는 계획 인구의 1.6배에 달하는 수였기 때문이다. 해방 당시 부산의 인구는 281,160명이었는데 이 숫자는 해방으로 인해 부산 거주 일본인 대부분이 일본으로 돌아가고 난 뒤여서 순수 부산 인구와 해방 후 부산항으로 귀환한 동포들이 부산에 정착한 숫자를 포함한 인구 수였다. 그런데 불과 4년 만에 19만 명에 이르는 인구가 불어난 것은 인구 자연 증가분을 넘어선 숫자이다. 이는 해방으로 일본을 비롯한 각지에서 부산항에 들어온 약 200만 명의 귀환 동포들 가운데 최소 15만 명 이상의 귀환 동포들이 부산에 정착한 것으로 파악할 수 있다.

이러한 인구 과밀도시 상태였던 부산이 한국전쟁으로 인해 피란민들이 모여들면서 1951년 인구가 844,134명에 이르렀으니 그야말로 빈사 상태에 이를 정도로 인구 과밀을 보였다.

한국전쟁 발발 당시 대한민국의 상황

1948년 8월 15일 남한 단독으로 대한민국 정부가 수립된 이후 이승만 대통령을 비롯한 국무위원들은 38선 방어는 절대 완벽하다고 국민들에게 주지 시켜 왔다. 게다가 한국전쟁이 발발하기 두어 달 전 당시 신성모 국방부 장관은 '만일 북한괴뢰가 남침해 온다면 일격에 격퇴해서, 점심은 평양에서 저녁은 신의주에서 먹을 것'이라고 호언장담을 했으니 일반 국민들은 정부만 믿고 있던 상황이었다. 하지만 북한이 남침을 해 왔을 당시 정부의 대응은 무책임 그 자체였다. 남침 당일 정부 관계자들은 그 전부터 38선 인근에서 빈번히 벌어지던 국지전 정도로만 여겼다. 그런데 어처구니없는 것이 전쟁이 일어난 다음 날인 26일 아침 8시에 신성모 국방부 장관이 방송에 나와 '국군이 인민군을 물리치고 북진 중에 있다'는 담화를 발표하기까지 했다. 그리고 다음 날인 27일 새벽 1시에 비상국무회의

가 열렸는데 신성모 국방부 장관은 이 자리에서 '3~5일 이내에 평양을 점령할 수 있는 만반의 준비가 되어 있다'는 발언을 하고 이 이야기를 들은 국회는 만장일치로 서울 사수를 결정한다. 그런데 그 시각, 27일 새벽 3시 30분 이승만 대통령은 경무대를 빠져나와 피란길에 올랐고 정부 관계자들 대부분은 이날 아침 7시에 서울역을 출발하는 피란 열차를 탔다. 그리고 이튿날인 28일 새벽 2시 한강 다리가 폭파되고 그날 오후에 서울이 적의 수중에 들어가고 말았다. 대통령이 피란 준비를 하고 있는 상황에서 한 나라의 국방부 장관이란 사람이 북진 중이라거나 평양을 점령할 수 있다는 허황된 이야기를 한 것이다. 게다가 서울 시민들에게는 방송을 통해 안심시킨 뒤 유일한 피란 통로인 한강철교를 폭파한 엄청난 과오를 저질렀던 것이다.

한국전쟁 발발 당시 부산

전쟁 발발 전날인 6월 24일 오후 부산에는 한미경제위원회가 도입한 대형전차 시운전이 있었다. 이 행사에는 서울에서 내려온 3명의 장관과 중앙부처 간부들도 참석했다. 이날 서면 전차 차고에서 대신동까지 왕복 시운전 전차는 오색 색종이를 두른 채 시가를 누비고 이를 지나가는 시민들이 박수로 환호하는 등 시내 전체가 새로 도입된 전차로 인해 크게 들뜬 분위기였다.

다음날인 25일 아침, 경남도청에서는 북한군 남침을 알고 있었지만 여기서도 국지전 정도로 생각하고 있었다. 그런데 27일에는 전세가 호전되어 국군이 반격을 하고 있다는 소식이 방송을 통해 나오는가 하면 한편으로는 중앙 각 부처가 남쪽으로 피란을 온다는 두 정보가 떠돌면서 경남도청과 부산시에서는 어느 정보가 맞는지 확인하느라 부산을 떨면서 큰 혼란에 빠지기도 했다.

그런데 27일 오후 경남도청으로부터 부산시에 대한 비상근무체제 명령이 하달되었다. 하지만 일부 공무원들은 대수롭지 않게 생각하고 퇴근 시간이 지난 지 얼마 안 되어서 하나둘씩 퇴근하기 시작했다. 해가 질 무렵 국군 장교 한 명이 부산시장실에 들어와서는 '전선에서 후퇴하는 군인 가족들을 인솔해 왔는데 이들의 거처를 준비해 달라'는 말에 시청 직원들이 깜짝 놀랐다. 먼지를 뒤집어쓴 2대의 군용 트럭에는 군인 가족인 부인들과 아이들 30여 명이 있었다. 그래서 시에서는 당시 서구 부용동에 있던 부산시 보육원에 이들을 정착시키고자 했는데 이들 군인 가족들은 누추하다는 이유로 반대를 하자 하는 수 없이 중앙동에 있던 노무자합숙소로 이동하여 거처를 마련해 주었다. 이들이 한국전쟁 당시 부산의 피란민 제1호로 기록된다. 이들 피란민 1호가 거처했던 중앙동에 있던 노무자합숙소는 현재 롯데백화점 광복점 옆에 3층 콘크리트 건물로 사람이 거처하기도 힘들 정도로 낡았지만 지금도 남아 있다.

이렇게 27일 밤을 새우다시피 하면서 이들 군인 가족들 거처를 마련해주고 난 다음 날 아침 부산시청 분위기는 온통 들쑤셔 놓은 듯했다. 전날밤 도착한 군인 가족들로 인해 전쟁이 전면전으로 일어났다는 것을 확인을 하게 되었기 때문이다. 마침내 28일 밤 대전에서 피란 열차가 부산으로 출발했다는 연락을 받게 된다. 이에 부산시청 직원들이 일사불란하게 대형 가마솥을 구하여 시청 뒤편에 임시취사장을 마련해서 솥을 걸고 이

들을 위해 밥을 지었다. 29일 새벽 5시 옛 중앙동 부산역에 피란민 500여
명이 열차 편으로 도착하였다. 이들은 열차 편으로 부산에 도착한 일반인
첫 피란민들이었다. 아무런 예고도 없이 갑자기 500여 명이나 되는 피란
민들을 맞이했으니 이들을 수용할 곳이 없어 당시 시청 맞은편에 있던 시
민관과 부산극장, 동아극장 등지로 피란민들을 분산 수용하고 주먹밥을
만들어 이들 수용소로 날랐다. 이날 이후로 매일 새벽이면 거의 천여 명에
가까운 피란민을 실은 열차가 부산역에 도착하였다. 이후 수많은 피란민
이 걸어서 혹은 우마차 등을 이용해서 부산으로 모여들었다.[1]

부산 피란민들의 생활

　하루 1천 명 이상의 피란민들이 부산으로 모여드니 매일 새벽 4시면
경남도청과 부산시청 직원들 100여 명이 부산역과 부산진역으로 달려 나
가서 미리 대기 시켜 놓은 트럭에 피란민들을 싣고 피란민들이 들어갈 수
있는 빈 건물과 공터 등을 찾아 나서는 소동을 벌이게 된다. 처음 피란민
들이 왔을 때는 주먹밥을 만들어 배분하다가 1주일이 지나면서부터는 식
량 배급을 했다. 1인당 하루 양곡 3홉과 부식비 50원이었는데 양곡도 쌀
과 보리가 반반씩 섞인 것을 주었는데 이마저도 수송 과정의 허실로 대부
분 2홉 반 정도 지급했다. 1인당 하루 양곡 배급량이 소주잔으로 두 잔 반
정도였으니 겨우 한 끼 분량 정도의 양이었다.

---

1) 1985년 「부산일보사」 발행 『임시수도천일』 참조

당시 피란민 구호양곡은 피란민 수용소에 수용된 사람들에게만 해당하다 보니 개별적으로 피란을 내려와 아무 곳에서나 생활하는 피란민들, 즉 수용소에 들어가지 못한 피란민들은 구호양곡 배급을 받지 못하여 기아선상에서 생활할 수밖에 없었다. 결국 수용소에 들어가지 못하는 피란민들은 수용소 인근에 판자촌을 형성하여 수용소 주변 일대가 거대한 판자촌으로 형성되기 시작했다.

초량동 45번지

부산의 피란민 수용소 가운데 가장 큰 규모가 초량동 45번지에 있었다. 현재 초량동 45번지는 초량삼거리 정발장군 동상이 위치한 일대 화단에 그 지번이 남아있지만 한국전쟁 시기 초량동 45번지는 이곳에서 중앙대로 건너편 일대 대부분을 차지하는 지번이었다. 이곳이 초량동 45번지가 된 것은 일제 강점기였던 1937년부터 제3, 제4 중앙부두매축공사 이후 새로이 매축 된 토지에 부여된 지번이었다. 3~4부두 공사가 한창 진행 중이던 1941년 12월 일제가 태평양전쟁을 일으키면서 이 부두공사 가운데 부두 접안시설의 완공에만 집중하였다. 이로 인하여 해방 당시 육지 부분 매립이 마무리되지 않은 채 해방을 맞이하게 되어 지금의 부산역 일대는 거대한 물웅덩이가 형성되어 있었다.

한국전쟁 피란 시절 이 물웅덩이 주변에는 미군 저유탱크 단지와 3,000세대에 이르는 거대한 피란민 마을이 형성되었다. 당시 이곳에 잠시 거주했던 분들의 기억으로는 약 1만 명 정도 피란민이 거주했던 곳으

1952년 초량 피란민 부락 물 웅덩이 　　　　　　　1952년 초량 광장의 피란민촌 모습

로 기억하기도 한다. 이곳 피란민 규모는 1952년 4월 8일 이곳에 국민학교가 신설될 정도였다. 초량초등학교 분교로 출발한 이 학교는 뒤에 항도국민학교로 개명되었다. 이후 디자인고등학교로 바뀐 이 학교의 위치는 초량119안전센터 바로 뒤편에 위치한 부산과학체험관 자리한 곳이다. 천막 교실로 출발한 이 학교는 1963년 3월 유솜(United States Operating Mission, USOM)의 지원을 받아 새 모습으로 단장하기도 했다.

　거대한 피란민 수용소가 되다 보니 이곳 주민들 사이에 싸움이 끊일 날 없었다 한다. 대부분 부두에서 노무자로 생활하며 생계를 유지하거나 도로 건너편 초량시장에서 거리 좌판이나 행상을 하거나 혹은 넝마주이 등으로 생계를 이어갔다. 특히 이곳에는 당시 부산지역 넝마주이 두목급이 살고 있어 대낮에도 경찰이 순찰을 하면서 혼자 다니지 못할 정도였다 한다. 초량동 45번지 피란민 수용소는 한국전쟁이 끝난 후에도 그대로 유지되어 있어 도심 한가운데 슬럼가와 같았다. 판자와 가마니 등으로 엉성하

1960년 초량동 45번지 피란민 집단 부락

1960년경 초량동 45번지 항도초등학교 천막교실

게 엮은 집들이 다닥다닥 붙어 있으니 화재 위험도 많았다. 1954년 10월 18일 하오 11시 20분경 이곳에서 발화한 화재로 판자집 330여 동이 전소하여 약 2천 명의 이재민이 발생하기도 했다. 이듬해 1955년 11월 6일에는 도로 건너 초량시장에서 대형화재가 발생하여 2명이 숨지고 점포 518곳이 불에 타는 큰 피해도 있었다.

초량동 45번지 일대 피란민 수용소 1964년부터 서서히 정리되기 시작했다. 즉 1962년 부산시에서 '신부산건설'의 기치를 세우면서 부두지구정리사업을 시행하면서부터였다. 당시 부산시에서는 거대한 물웅덩이와 나대지 위에 남아있던 1,600세대 규모의 피란민 수용소에 대한 대대적인 정비를 실시했다. 이곳 거주민들을 연산동에 3개 지역으로 나누어 1가구당 18평씩 토지를 분배하여 이주시켰는데 이주를 거부한 사람들에게는 별도 보상을 통하여 정리했다. 당시 철로는 지금의 중앙대로를 지나고 있었는데 이들이 이주한 터에 철로 이전과 함께 유류저장 탱크 철거 및 물웅덩이 지역을 모두 매립하였다. 그 뒤 1968년 현재의 부산역 자리에 역사를 짓기 위한 공사가 진행되어 이듬해 6월 10일 부산역이 새롭게 완공되었다.

거대한 물웅덩이와 주변 나대지에 미군 유류저장 탱크 수십 개가 펼쳐져 있는 가운데 약 1만 명가량의 피란민들이 생활했던 초량동 45번지는 1966년 '후랑크 박'이라는 가수가 부른 〈초량동 45번지〉라는 대중가요로 전해오고 있다. 가사 내용이 초량동45번지 피란민들의 애환을 묘사한 내용보다 항구도시 부산의 애달픈 사랑을 노래하고 있다.

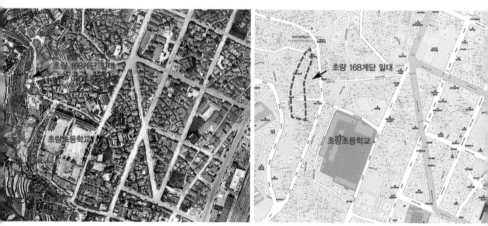

1945년 12월 하순 초량초등학교 주변 항공사진(왼쪽)과 초량초등학교 주변 지도(오른쪽)
왼쪽 1945년 항곡사진에서 지금의 동구 초량 168계단 일대(붉은 점선 내)가 경사진 밭으로 나타나 있다.

초량동 45번지 / 후랑크 백

울면서간다 부산항구 정이들은 부산항구

정든 사람 못 잊을 사람 뒤에 두고 나는 갑니다.

울리는 뱃고동에 사랑만은 무정터라 아~ 아~

불 꺼진 거리 항구의 밤 초량동 45번지

고동이 운다 부산항구 떠나 간다 부산항구

쓸쓸하다 허허벌판에 고독한 밤 달랠 길 없네

그 사람 어데 가고 정든 집은 어데 갔나 아~ 아~

울려만 주네 부산의 밤 초량동 45번지

초량동 충효촌

　조선 후기 초량왜관 일대였던 광복동을 중심으로 근대 개항 후 일본인 전관거류지가 형성되었다. 이후 청나라에서 자국 상인들을 보호하기 위한 조청상민수륙무역장정(朝淸商民水陸貿易章程)을 1882년 체결했다. 1883년 10월 부산지역에 화교 상가를 개설하려는 이른바 '덕흥호(德興號)사건'을 계기로 1884년 5월 청국이사청을 설치하고, 12월 10일(음력) 지금의 차이나타운에 청국조계지가 설정되었다. 이후 초량의 청국조계지인 청관거리에는 화교들이 점포를 겸한 주택을 가지고 주로 비단, 포목, 거울, 꽃신 등 중국에서 수입한 상품으로 본격적인 장사를 시작했다.

　1884년 청국조계지가 설정된 곳은 원래 옛 고분과 무덤들이 빼곡히 들어서 있었던 곳이었다. 당시 동래부에서는 이 일대 무덤들을 철거하고 청국조계지로 설정하여 중국 사람들이 점포를 겸한 주택을 지을 수 있도록

영주동 충효촌 일대의 1945년 항공사진(왼쪽)과 현재 지도(오른쪽) 모습
붉은색 점선 안이 옛 충효촌 일대.

하여 청관거리가 형성되었다. 청국조계지를 청관거리 혹은 '시나마찌(支那町)'라 불렀다. 이후 초량지역에 조선사람들도 많이 모여들면서 '신초량촌'이 형성되면서 오늘날과 같은 초량이라는 지명을 얻게 되었다.

우리나라가 일제 강점기를 거치는 동안 중국 역시 항일전쟁을 벌였다. 해방 후 그들은 중국 재건을 둘러싸고 국민당과 공산당 사이의 내전을 벌였다. 소위 국공내전이라 부르는 1946년부터 일어난 중국 내전은 1949년 10월 1일 마오저뚱(毛澤東)이 중화인민공화국을 수립하고, 국민당을 이끈 장제스(蔣介石)가 타이완(臺灣)으로 퇴각한 뒤 12월 타이완 정부를 수립하는 것으로 결말이 났다. 국공내전 기간 중 많은 중국인이 공산당을 피하여 한국으로 들어왔다. 게다가 주 수입원이었던 무역이 단절되면서 그들은 경제에 큰 타격을 받았다. 국공내전의 결과 화교들 역시 해방이 되면서 강대국에 의해 분단된 한국과 같은 상황에 놓이게 되었다. 즉, 국공내전 이후 한국 거주 화교들은 공산당과 국민당 어느 한쪽에 대한 선택을 하지 않을 수 없게 되었다. 1946년 12월 북한지역에서 북조선화교연합회가 결성되자 이에 이듬해 2월 장제스(蔣介石)의 국민당 정부가 서울에 총영사관을 설치하고 여선화교자치연합총회를 설립하였다. 이후 부산의 화교들은 과거 화교상회라는 이름의 자치기구를 1948년 부산화교자치구로 결성하면서 서서히 새로운 기반을 잡아나갔다. 부산화교 대부분은 국민당 정부 영사관을 통해 중화민국 국적을 취득했다. 반공을 국시로 내세운 한국정부가 중화인민공화국과 무역과 외교가 단절되면서 한국의 화교들의 경제도 다시 타격을 받았다. 한편 국공내전으로 공산당을 피해 한국으로 온 화교들 가운데 많은 수가 부산에 정착하면서 1942년 230명에서 1948년 95호 493명으로 두 배 이상 늘어났다.

초량 물 웅덩이

미군 유류탱크

초량동 45번지

1951년 6월 부산항 항공사진
지금의 부산역 일대에 거대한 물 웅덩이가 형성되어 있고 그 옆에 미군 유류 저장 탱크가 보인다.
붉은색 점선 타원이 초량동 45번지 피란민 수용소가 자리한 곳이다

한국전쟁이 발발한 그해 10월 중공군이 북한군을 돕기 위해 한국전쟁에 개입하면서 남한지역 화교들이 궁지에 몰리게 되면서 1·4후퇴 당시 많은 수가 남하했다. 중공군의 의외의 개입은 연합군 측을 당황하게 했고 이에 이들에 대응하기 위해 남한지역 화교들을 전쟁에 대거 차출되었다. 이때 차출된 화교들은 중공군 포로들에 대한 통역과 번역 및 심리전 등에 참여하였다. 당시 중국 국민당의 지원 아래 1951년 3월 부산에서 화교를 중심으로 한 정보부대가 설립되었다. 이에 약 500명의 화교가 참여하여 중공군에 대한 정보 수집을 하였는데 그 가운데 200명 정도는 전선에서 실

전에 투입되기도 했다 한다. 당시 참전해 희생된 화교는 100명이 넘는다고 한다.

부산이 피란수도가 되면서 대구에 있던 중화민국 대사관도 부산으로 왔다. 일제 강점기 중국인 양모민이 운영하다 일본군에 빼앗겼던 구, 봉래각 건물에 중화민국 주한대사관 임시판사처가 입주했다. 외국인 신분이었던 화교 피란민들은 낯선 부산 생활에 적응하는데 많은 애로 사항이 있었다. 전쟁 중 부산에는 전국 각지에서 몰려든 화교들로 인해 1948년 493명이 1952년 4,182명으로 급증했다. 이에 부산에 내려온 중국대사관은 화교 피란민들에 대한 구제와 교민철수 사업에 주력했다 한다. 현 부산화교학교가 자리한 구 영사관 내에만 무려 500여 명이나 되는 화교 피란민들이 모여들었는데 그들은 나무판자나 두꺼운 종이 등으로 방을 만들어 지내는 등 환경이 매우 열악했다. 이런 가운데 1952년 말 중화민국 대사는 구 영사관을 정돈하여 화교학교를 건립하기 위해 별도의 화교 피란민 부락을 계획했다. 마침내 부산시의 도움을 받아 초량 청관거리, 현 차이나타운 뒤편 영주동에 화교상회 소유의 땅에 화교 피란민 부락을 건립하기로 했다. 이 땅은 원래 부산지역 화교들이 공동묘지로 사용하기 위해 매입한 곳이었는데 부산시의 규제를 받아 묘지로 사용하지 못하고 있었는데 당시 한국인 피란민들이 이곳의 절반 가까이 피란민 부락을 형성하고 있었다. 남은 묘지 터 가운데 1,300여 평 부지를 정비하기로 하여 1952년 7월 공사를 시작하여 3개월 뒤인 10월에 공사를 마치고 1,000여 세대의 화교 피란민들을 이주시켰다. 당시 이곳을 충효촌이라 불렀다. 충효촌 임시 거주지 화교들은 한 가구당 약 2평 규모의 집을 배정받았는데 인근 미군부대 등지에서 군수품을 해체한 뒤 나온 목재를 사용해서 움막과 같은 집을 지었다. 충효촌은 2006년 주민들이 주택조합을 결성하여 현재 영주동 영주배수지 아래 우남이채롬아파트를 건립하여 입주했다.

거제리 인애촌과 서면의 신의촌

한국전쟁 발발 이후 1·4후퇴 당시 북한 원산 등지에서 피란을 내려온 많은 화교는 곧바로 거제도로 이송되었다. 하지만 거제도에 도착한 화교들은 하루하루 생활고에 시달리는 생활의 연속이었다. 그들 가운데 다행히 거제도 포로수용소에서 중공군 포로들에 대한 통역을 하거나 하는 등으로 생계를 유지하는 경우도 있었지만 대부분의 화교는 기아선상에서 벗어나지 못했다. 당시 거제도에서 필요한 대부분 생필품은 부산에서 조달했다. 거제도 원주민이나 일부 피란민들 가운데 장사를 하는 사람들이 여수에서 통영과 거제를 거쳐 부산으로 오는 여객선을 이용했다. 배가 자갈치에 내리면 자갈치시장에서 일부 생필품을 구입하고 주요 물품들은 국제시장에서 사서 다시 배를 타고 거제도로 가서 장사를 하는 것이었다. 일부 주민들은 이들 생필품을 거제도 포로수용소에 근무하는 미군들에게 팔고 그들로부터 받은 군표를 모아 부산의 암시장에서 돈으로 바꾸기도 했다. 많은 거제도 피란민이 이들 장사치들에 의해 부산의 상황을 듣고는 부산으로 모여들었는데 화교들도 같은 상황이었다. 1952년부터 거제도 화교들이 부산으로 모여들면서 이들 가운데 많은 수가 황령산 자락에 판자집을 짓고 생활했다. 부산지역 화교들이 결성한 재교구제위원회에서 한국전쟁이 끝난 뒤 이들 황령산 자락에서 빈민가처럼 형성하여 생활하던 화교들을 위해 거제리의 한국인이 소유하고 있던 토지 1,500여 평을 임차하여 인애촌(仁愛村)이라는 화교 집단 거주지를 마련했다. 인애촌은 1955년 12월에 시공하여 이듬해 5월에 완공했는데 당시 한국군 군부대와 부산지역 화교들의 도움을 많이 받았다 한다.

한국전쟁 당시 중공군으로 참전한 중국인들 가운데 포로가 된 뒤 반공포로로 전향한 사람들도 많았다. 이들 중공군 반공포로들 가운데 석방 후 부산에 정착한 이들도 재교구제위원회에서 구제하였다. 이미 영주동 충효촌과 거제리 신애촌을 건설한 바 있는 재교구제위원회에서 서면 지역에 있었던 화교 소유 토지를 중심으로 중공군 출신 반공포로들을 위해 신의촌(信義村)도 건설했다.

피란수도 부산 시절 정부와 부산시에서는 부산지역 곳곳에 피란민 수용소를 조성하여 수많은 피란민을 수용했지만 부산으로 온 화교들에 대해서는 전혀 배려할 입장이 못되었다. 하지만 중화민국 대사관이 부산으로 이전해 오면서 중국인 재난 동포를 위한 중국대륙재포구제총회(中國大陸災胞救濟總會)와 부산의 재교구제위원회에서 발 벗고 나서서 해결을 했다. 충효촌에서 인애촌, 그리고 신의촌에 이르기까지 피란 시절 우리나라의 화교들은 그들 고유한 명칭으로 세 곳의 피란민촌을 만들어 어려운 상황을 극복해 나갔다. 뿐만 아니라 1·4후퇴 이후 하단에 화교소학교를 설립하기도 했다.

아사히 고무공장 창고의 피란민 거처

일제 강점기 좌천동 지역의 사회적으로 가장 큰 변화는 부산진 매축공사였다. 1913년부터 1917년까지 실시된 부산진 제1기 매축공사에 이어서 1919년부터 시작되어 1928년 준공된 2기 매축공사이다. 1기 매축공사와 2기 매축공사로 좌천동 앞 해안 144,088평과 305,690평(일설에는 313,240평)이 매축 되어 광활한 면적의 부지가 탄생했다. 지금의 제 5부두라 불리는 허치슨터미널을 제외한 대부분 좌천동 해안은 이때 형성되었다.

부산진 매축 이후 이 일대에 각종 공장이 설립되는데 1920년대 초 신발을 제조하는 고무공장과 정미소 등이 설립되었다. 1920년대 설립된 고무공장들은 대부분 좌자천 주변인 좌천동, 수정동과 동천 주변인 범일동에 설립되는 것을 각종 자료와 지도를 통해 알 수 있다. 이는 고무화 제조 과정에서 수냉식 작업이 따르는 관계로 수량이 풍부한 하천 주변에 설립한 것으로 여겨진다.

부산지역 최초로 설립된 고무공장은 현 수정동 홈플러스 자리에 1923년 설립된 일영(日榮) 고무공장이었다. 일영고무 바로 옆 현 봉생병원 후문 건너편 현 부산제일감리교회 바로 옆 좌천동 680번지 자리에 1939년 9월 11일 아사히고무 주식회사가 설립되었다. 이 공장은 바로 옆 좌천동 681번지에 대형 창고를 세웠다. 해방 후 일본인들이 설립한 각종 공장이 적산으로 분류되어 미군정 당국에 의해 처분되었다. 이들 공장 가운데 한국인이 불하를 받아 해방 후에도 고무공장을 운영한 경우도 있지만 운영자가 없어 그대로 방치된 경우도 많았다. 해방 후 많은 귀환 동포

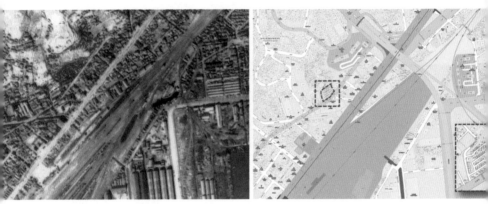

좌천동 아사히고무공장 창고 일대의 1950년 항공 사진(왼쪽)과 현재 지도(오른쪽) 모습
붉은색 점선 안이 옛 아사히고무공장 창고. 오른쪽 청색 사각 점선 안이 옛 창고를 개조하영 거주하는 현재 지번 모습 확대 부분.

가 적산 가옥 혹은 적산 공장에 둥지를 틀기도 했다. 이러한 것은 피란수도 부산 시절에도 마찬가지였다. 마땅히 갈 곳이 없는 피란민들이 일제가 남기고 간 뒤 폐허처럼 남아있던 공장이나 창고 등지에 거처를 마련하여 생활했다.

좌천동 봉생병원 후문 앞 고관로 동일세탁소에서 서진의료기에 이르는 도로 왼쪽 안 골목으로 들어가면 불과 서너 평 채 되지 않는 가옥들이 가로로 다섯 줄 형태로 다닥다닥 붙어있는 것을 볼 수 있다. 이곳이 옛 아사히 고무공장 창고 자리이다. 창고 자리의 피란민 부락이 지금도 그 규모로 전해오고 있는 곳이다. 약 300평이 조금 넘는 규모의 창고였지만 해방 이후 관리가 되지 않아 빈 창고로 남아있던 것을 귀환 동포 몇 분이 이곳에 거주하고 있다가 한국전쟁이 발발하면서 피란민들 약 50가구가 이 창고를 거처로 삼고 살았다. 전쟁이 끝나고 난 뒤 이곳에 거처하던 주민 일부는 고향으로 돌아갔지만 오갈 데 없는 북한 출신 피란민들은 그대로 눌

러앉았다.

그런데 당시 이 아사히 고무공장 창고에 거주하던 주민 가운데 아주 똑똑한 젊은 청년이 있었다. 청년은 이곳 창고에 거주하는 피란민들이 이곳에서 영구 거주할 수 있도록 발 벗고 나서서 중앙 요로에 특별 분양을 청원했다. 대부분 북한지역에서 피란을 내려온 사람들이니까 마땅히 갈 곳이 없는 데다 지난 2년 반 동안 부두 같은 곳에서 막노동 일 등을 하면서 부산에서 기반을 잡았는데 다른 곳으로 가려고 해도 막상 갈 곳도 없었다. 더욱이 생계 문제도 있으니 비록 창고 공간이지만 이를 분양받아 이곳에서 거주할 수만 있으면 하는 바람들이었다. 다행히 이 청년의 노력으로 정부에서 이들 피란민들에게 창고를 분양해 주었다. 약 3백 여 평 부지에 사이사이 골목길을 구획하고 나서 50가구에 가까운 집들을 배치하니 한 가구당 4평 반 남짓 배당이 되었다. 그러니 집과 집 사이에 이격거리를 둘 틈도 없이 판자로 다닥다닥 붙여서 집을 짓고 살아온 세월이 1·4후퇴 이후 무려 70년 세월이 흐르도록 그대로 거주하고 있다. 이들 가운데 옆집을 매입해서 다소 넓게 8평 남짓한 평수를 지닌 가구도 두 어집 있다. 문을 열고 들어가면 반 평도 채 안 되는 현관이자 부엌, 그리고 방 한 칸이 이들의 거처이다.

화장실은 공동화장실을 만들어 사용하고 있는데 최근 구청에서 재래식 화장실을 수세식으로 말끔해 개조를 해 주었다. 그러다 보니 주민들끼리 우스갯소리가 집보다 화장실이 더 고급이라는 농담 아닌 농담을 하기도 한다. 빨래는 마침 인근에 아사히 고무공장에서 사용하던 우물이 있어서 이불감 같은 큰 빨래는 이 우물을 사용하거나 하는데 작은 빨래는 골목길에서 하는 상황이다. 사실 이 골목을 들어가 보면 이곳이 정말 시내 한 중간인가 싶을 정도로 열악하다. 집의 규모가 작으니까 억지로 2층을 올려 다락처럼 사용하고, 골목길 위로 나무판 등을 걸쳐서 여유 공간으로 사용하는 등으로 생활하고 있다. 개별 집들 규모가 워낙 작으니까 재건축을 하고 싶어도 허가도 나지 않을 뿐 아니라 집들이 다닥다닥 붙어있으니 내집을 건축하고 싶어도 내 집 벽이 옆집의 벽이 되어 있으니 옆집을 건드리지 않으면 안 되는 상황이니 더욱 그렇다. 그동안 나무 판재 등으로 만든 외벽을 지주대로 보강하는 등 하면서 지금까지 거주하고 있다. 현재 약 40가구가 남아 있는데 6세대 정도가 빈가구이고 30여 세대 정도가 거주하고 있다.

지금까지 이들은 부산 지역의 대표적 피란민 집단촌으로 알려진 우암동 소막마을, 아미동 비석문화마을, 영도 흰여울마을 등에 비하면 열악하기 그지없는 삶을 살아왔지만 아무도 이들에게 눈길을 주지 않았다.

좌천동의 경우 증산자락 대부분이 피란민 가옥들로 뒤덮인 상황이 되었다. 특히 좌천동 수정터널 입구 왼쪽에는 부산진 매축공사 당시 토석을 확보하기 위해 산을 절개한 공터였는데 해방으로 귀국한 귀환동포들 몇몇이 거주하던 곳이었는데 이곳에도 피란민들 집이 빼곡하게 들어섰다. 이곳에는 함석으로 지붕을 만든 집들이 줄지어 있어 '도단마찌'라 불렀다. 함석을 일본말로 도단이라 하는데 마찌는 거리이니 함석지붕을 이은 집들이 있는 거리라는 뜻이다. 이곳은 원래 좌천동 증산의 한 줄기가 해안으로 삐져나온 곳인데 일제시기 부산진 제1차 매축공사가 1913년부터 17년 사이에 진행될 때 이 산자락을 절개해서 그 토석으로 매축공사에 사용하면서 평지보다 약간 높은 언덕이 형성되었던 곳이었다. 산을 절개해서 토석을 채취하는 공사후 방치된 터에 당시 오갈 데 없는 사람들이 이곳에 거처하면서 빈민부락이 형성되었던 곳인데 한국전쟁 당시 피란민들이 가세하면서 마을이 형성되었다. 현재 동원드림타운 아파트 단지가 형성된 곳이 그곳이다.

황해도 출신 피란민들이 좌천동 일대에 수용된 곳이 두 곳 있었다. 범일동 매축지 마을 인근 범일5동 주민센터 남쪽 현 CJ물류센터가 자리한 곳 일대의 거대한 창고에 380여 명이 수용되었으며, 인근 좌천동 열로공장에도 약 6백여 명이 수용되어 생활했다. 이 열로공장 피란민들이 하루하루 끼니를 연명하기도 버거웠을 텐데 자녀들 교육을 위해 주민들이 십시일반해서 52년 3월에 당시로는 거금인 350만 원을 갹출해서 마을 옆 공터 15평 부지에 교실을 세웠다 한다. 그리고는 인근에 있는 성남초등학교의 도움을 받아 이 학교 분교장으로 개교를 했다.

평론가

비평가입니다만, 잡설과 잡글을 자주 쓰고 있습니다.

전문가라는 자격증이 없이 쓰는 말과 글보다

매번 논문 한 편 쓰는 게 낫지 않을까 하지만, 결국 언제나 쓰고 싶고,

강희철 ● 말하고 싶은 것을 쓰는 게 행복한 사람이라 스스로를 위무하곤 합니다.

꽃마을 민중의 역사와 자연의 가치를 담다
: 잊혀진 것으로부터 찾는 삶의 진정한 가치들

강희철

'공동묘지'가 있는 꽃마을을 아시나요?

마을과 마을을 잇는 길 이름들은 실제로 그곳에 사는 마을 사람들이 다니는 길이기에 아직도 순우리말로 된 길이나 고개 이름이 많다. 일제 강점기 때 마을 이름들을 죄다 한자로 바꿔 놓았지만, 민중들이 스스로 거니는 길까지 다 권력자들이 원하는 대로 채워 놓을 수 없었기에 부산에도 산이나 서민들이 살던 마을, 길, 섬의 이름이 조금이나마 순우리말로 남아있는 것이다.

까치고개, 토끼고개, 새띠고개 등 동물이나 풀의 이름을 넣어 정겹게 부르던 우리의 장소들이 낯선 한자어들로 채워진 것과 반대로 어떻게 부산 서대신동의 꽃마을은 뒤늦게 한글 이름을 짓게 되었을까?

아는 분들은 이 한글 지명의 이름만 봐도 오래된 마을이 아닐 것이라 유추할 수 있을 것이다. 역사적으로도 6·25전쟁 이전에는 서대신동의 구덕산 자락에는 꽃마을이란 명확한 지명이 없었다. 대신동에서 가장 유명한 지명은 '구덕고개' 혹은 '구덕령'으로 부산의 북쪽인 사상구와 남쪽인 서구와 중구를 잇는 유일한 고갯길이었다. 꽃마을에서 옛 구포장 쪽으로 내려가는 초입에는 아직도 구덕재 탑골이라 하여 지난 행인들이 쌓았다고 전해지는 돌탑 모양의 비석을 다시 세워 놓고 있다.

구포재 탑골의 돌탑 사진　　　　옛 구포장 쪽으로 내려가는 구포재의 전경

　이 고갯길은 구덕터널(1984년 8월 개통)로 인해 교통의 기능을 상실하면서 이 조그만 꽃마을은 다시 인적이 드문 산골이 되어야 할 운명이었다. 왜냐하면 꽃마을 쪽에서 낙동강이 보이는 구덕재를 내려가기 전의 구덕산의 조그만 촌락들은 사실 과거에는 주막 몇몇만 있고, 구덕재 뒤로 보이는 안나모자원(안나노인건강센터)까지 대정 3년인 1914년 당시 부산부에서는 구덕령에 두 곳의 공동묘지를 설치했다. 사상면 학장리 산19번지 일대 5,491평과 학장리 산 99번지 일대에 3,180평이 그곳이다.

꽃마을에 있는 구덕산 공동묘지(100년 전 조성)   2020년 10월 현재 공동묘지 옆 폐가 사진

안나 모자원 옆에서 오랫동안 가게 영업을 해 오신 김순길 씨(순애집 대표, 1951년 출생)는 이 공동묘지가 지금은 나무와 숲을 이룬 동산으로 보여서 작아 보이지만 일제 강점기부터 거의 100년 가까이 된 공동묘지로 원래 3만 평 크기로 조성된 부지였다고 한다. 그래서 지금은 묘지를 중심으로 오른쪽 편으로 줄줄이 주택을 이루고 있는 구덕재 근처의 촌락들도 일부는 묘지 부지 위에 집을 지은 것이며, 묘지의 왼쪽 옆인 안나 모자원 아래의 집들도 사실은 일부가 묘지 자리를 차지하거나 묘지 옆에 허락 없이 지어진 집들이었다. 그래서 동사무소와 서구청을 통해 조사해 보니 이 공동묘지는 일제 강점기 이후 개인의 사유지가 아니기에 구청에서 관리하고 묘지에 속한 촌락의 주민들은 묘지 터에 대한 사용료를 지불했다고 한다.

사실 공동묘지에 옆에 집을 짓는다는 것은 누구나 쉽게 할 수 없는 일이다. 하지만 부산에는 피란민들이 어려운 환경 속에서 이러한 집을 지었던 사례가 너무 많다. 아미동 비석마을, 문현동 안동네벽화마을(문현동 돌산마을) 같은 곳은 일제 강점기에 일본인들이 사용했던 공동묘지였다. 뿐만 아니라 지금은 사라진 부산 범천동 옥상마을이나, 영도의 가파른 절벽길(흰여울길)에 지어진 주택들을 생각해보면 척박했던 우리의 삶이 너무나 기억 속에서 쉽게 잊게 되는지 가늠하게 한다.

지금도 아파트에 살다 보면 층간소음으로 다툼이 많다. 그런데 이렇게나 가깝게 얇은 벽을 맞대고 산다는 것만으로도 힘든데, 살기 힘든 옥상이나 절벽의 단칸방에서 삶을 견디어 낸 피란민들의 공간만 조명할 것이 아니라 그들의 삶 자체도 역사적으로도 기억되고 보존되어야 할 것이다. 그런 점에서 지금은 잊힌 강가나 냇가의 촌락들을 보면, 소리소문없이 사라진 삶의 이야기들이 얼마나 많은지 놀라게 될 것이다.

우선 꽃마을에 전기가 들어온 것이 1970년대 중반이었는데 상수도도 이 시기에 공급되었다 한다. 많은 사람이 이곳에 살 수 있었던 것은 기본적으로 '물'이 풍부한 지역이었기 때문이다. 마을 곳곳에 우물이 있었는데 수량이 풍부했다. 이 구덕산에서 내려온 계곡물은 못을 만들고 꽃을 경작할 수 있도록 도왔다.

그런데 역사상 남부지방 최악의 장마철이었던 때, 부산에서도 1969년 6월 25일부터 8월 11일까지 48일간 장마가 이어졌다고 한다. 구덕산 꽃마을에 오래 살았던 분들은 그동안 튼튼했던 못둑(저수지의 물을 가두었던 둑)이 터지던 그 풍부했던 물이 오히려 사람에게 큰 해를 입히는 수마(水魔)로 돌변했다. 지금의 보수동의 영락교회 근처의 보수천(지금은 매립되어서 하천 다리가 있던 자리라는 표지석만 남아있다.)이다. 그래서 하천에 살던 많은 피란민들이 피해를 입거나 심지어 영문도 모른 채 물에 쓸려 죽는 사람도 많았다고 한다.

지금에는 여름에 계곡에 놀러 가서 물이 불어나는 것을 모르고 물가에 텐트를 쳤다가 당하는 부주의한 사고에 가까운 일이 일상의 삶에서 재난으로 이어진 것이다. 그래서 69년 이후로 아픈 경험이 깃든 보수천에 다시 움막을 짓고 사는 사람들은 없어지게 되었다. 과거에도 화재와 수해는 크나큰 재앙으로 많은 사람의 목숨을 순식간에 앗아가는 끔찍한 사건이었다.

　현재 보수동이나 중앙동을 걸으면서 우리는 역사를 향수한다고 하지만, 그것은 그 당시의 삶을 아름답게 미화한 것들이 대부분이다. 꽃마을도 이러한 미화의 과정 속에서 어쩌면 100년이나 지속되었던 구덕공동묘지가 미관상 마을의 아름다움에 해를 끼치는 장소로 낙인 찍었는지 모른다. 그러나 역사적 문제를 잊고, 그곳에 잠든 민중들의

수해 전에 있었던 1952년 보수천 움막촌 ©엽서 사진

1953년 부산 중구 중앙동 역전 대화재 후 모습
©부경근대사료연구소

삶을 지워내 버린다면 그것은 죽은 자를 또 평안히 영면하게 하지 못하는 폭력적인 역사를 만드는 과정이 될지 모른다.

실제로 꽃마을은 젠트리피케이션(둥지내몰림현상)이 너무나 오래도록 지속되어 왔다. 그래서 지금 마을 사람들을 인터뷰해보면, 이 지역 토박이가 거의 없었다. 이전에 꽃마을에서 원예농업을 하던 사람들은 땅값의 인상과 사업의 불안정으로 다 꽃마을을 떠난 상태이고, 도시에 비해 낙후된 환경에 자식들을 꽃마을에 묶어 둘 부모들도 없었을 것이다.

그래서 지금 남은 것은 등산객들과 관광객들을 위한 산책로와 문화 공간, 그리고 다양한 음식을 제공하는 노포들만 남아있다.

현재 구덕산 근처의 저수지, 기상대, 산책로, 음식점 골목 사진

이런 상황에서 관광객들은 꽃마을에 와서도 구덕공동묘지가 있는지도 모르고 가는 경우가 많다. 왜냐하면 꽃마을에서 시작할 수 있는 다양한 등산로들(엄광산, 구덕산, 승학산 산길 등)과 산과 관련된 문화체험공간(구덕문화공원, 엄광산 유아숲체험원, 내원사 템플스테이 ,부산전통문화 체험관, 민속생활관,기상레이더관측소, 구덕수원지 등)이 많아서 이렇게 아름다운 코스만 둘러봐도 좋을 공간이기 때문이다.

하지만 꽃마을로 아름답게 조성된 이면에는 분명, 가난한 자들이 일구어 낸 삶의 역사와 감춰지고 사라지기만 한 역사가 항상 공존하고 있다는 사실을 알아야 한다. 이러한 것을 모른 채 산다는 것은 부산에 사는 사람으로서도 꽃마을을 관광객과 다를 바 없는 태도를 보게 만든다. 아래에 포털에서 검색한 사진을 보면 꽃마을 근처에는 2개의 큰 공동묘지가 조성되어 있는데, 하나는 지금까지 이야기해 온 구덕산 아랫자락의 구덕공동묘지가 그것이고 다른 하나는 엄광산에서 학장동으로 가는 산길 끝에 형성되어 있는 학장공동묘지가 그것이다. 100년의 역사 속에서 이러한 공동묘지가 왜 있었는지 알기 위해 필자 역시 노력하지 않았다면, 다만 오래된 마을의 공동묘지였다는 것 이상의 가치를 생각해 보지 못했을 것이다.

자세한 조사 결과 이러한 공동묘지가 생겨난 이유는 너무나 간단했다. 일제가 마을들의 이름을 한자로 구획화해 놓았던 것처럼, 같은 구역에서 죽은 사람들을 같은 장소에 묻는 원칙으로 공동묘지를 만들어 놓았기 때문이다. 양반들이야 '문중'의 이름으로 묘를 관리한다. 그래서 엄광산의 등산로에 들어서니 배씨 문중의 공동묘지가 넓게 자리 잡고 있었다. 이와 다르게 죽어서 이름도 족보도 남기지 못하는 민중들의 주검은 구덕과 학

부산 사상구 학장동 주변 공동묘지 검색결과입니다.

A <u>학질공동묘지</u>   묘지
    서구 서대신동3가 산 108   길찾기

B <u>구덕공동묘지</u>   묘지
    서구 서대신동3가 산 85   로드뷰   길찾기

포털에서 쉽게 검색할 수 있는 구덕산과 엄광산에 있는 일제 강점기 공동묘지 위치 사진

장(학질) 공동묘지에 조그만 무덤으로 겨우 보존되고 있는 것이다.

지금의 구덕공동묘지는 사실 엄밀히 이야기하면, '영주동 주민들을 위한 공동묘지터'였다고 한다. 이러한 공동묘지 정책은 1918년부터 일제에 의해 계속해서 추진되었지만, 모든 이가 이러한 정책에 수긍한 것은 아니라고 한다. 앞서 말했듯이 문중 묘소가 있는 사람들이야 그러한 묘소에 묻히고 싶지 않았을 것이고, 특히 과거 우리나라에서는 자식들이 죽었을 때 산중에 몰래 묻는 풍습을 거스르고 공동묘지에 묻는 것을 서민들도 많이 꺼렸다고 한다.

그렇지만 일제의 폭력적인 통치방식대로 움직일 수밖에 없는 대부분의 가난한 서민은 공동묘지에 묻히게 되었다. 이런 폭력적 구획 덕택에 우리는 묘지를 가르고 나오는 귀신 괴담과 묘지를 떠도는 도깨비불 이야기를 하며 공동묘지를 공포스럽고 음습한 공간으로 인식하게 되었다. 근대 이전의 묘지는 단순히 죽은 자를 산 자의 삶의 밖으로 내몰지 않았다. 죽

은 자의 위패를 집에서 중요한 위치에 두기도 하고, 지금의 제주에 남아있는 풍습처럼 밭 한가운데 조상의 묘를 쓰기도 했다.

이제는 거대한 쓰레기장을 도시의 바깥에 두고 도시를 정화해 나가는 것처럼, 도시의 효율성을 위해 인간의 주검을 효율적으로 구획해서 묻는 이러한 폭력적 정책이 우리의 삶의 기본적인 양식으로 자리 잡고 있다. 이렇기에 우리의 삶은 우리의 전통에서 더 빨리 멀어지고, "빨리 빨리"만 외치면서 근대의 양식들만 제 것으로 받아들였는지 모른다. 식민화의 역사가 이처럼 여러 부분에서 우리의 의식을 너무나 효율성을 따르는 쪽으로만 변화 시켜 왔던 점이 커 보인다.

이러한 국가 중심의 근대적 공동묘지 정책과 다르게 프랑스는 파리 시내 안에 죽은 자를 모시는 묘지를 아직까지 유지하고 있다. 이러한 공동묘지는 무려 19개의 장소가 있는데, 그중에 철학자 장 폴 사르트르와 시몬느 드 보봐르가 묻힌 몽파르나스공동묘지가 가장 유명하다고 한다. 이런 사례가 있는 만큼, 구덕공동묘지 안의 주검들이 유명인은 아닐지라도, 100년의 역사 안에서 잊힌 삶을 살아 온 그들을 꽃마을의 중요한 스토리텔링 자원으로 활용할 수는 없는 것일까?

산과 물이 전해주는 오래된 꽃마을 이야기

꽃마을이 이름처럼 아름다운 것은 많은 사람이 한때 꽃마을에서 '원예농업'에 매진했고, 부산에서 거의 시초나 다름없게 이 사업을 시작했기 때문이라고 말한다. 그러나 원예농업을 하기 전에 산에서 내려오는 물이 풍부한 까닭에 야생화의 좋은 서식지가 되고, 산에서 가장 구하기 쉬운 나무 장작을 구해서 팔던 꽃마을 사람 중에 지게에 야생화들도 가끔 꺾어서 팔고는 했는데 심심치 않은 장사가 되었다고 한다.

6·25전쟁 이후 부산의 거리에는 사람이 넘쳤고, 아무리 힘든 시기였다고 하더라도, 사람이 사는 도시에서 사교적인 모임과 장소가 있다면 언제든지 꽃들이 필요했을 것이다. 그래서 심심치 않게 팔던 들꽃들보다 더 큰 이문을 남기기 위해 사업을 시작했고, 한 때, 꽃마을은 원예농업의 중심지가 되었다.

이제는 꽃을 팔던 원예사업은 진행하지 않지만, 부산 서구에서 양묘장 시설을 운영하며 과거 꽃을 키우던 꽃마을의 기억을 계속해서 이어나가게 하고 있다. 꽃마을은 6·25전쟁 이후 불량주택이 난무한 공간에서, 1970년대 국화단지를 시작으로 화훼단지가 조성되었다. 그러나 이곳은 땅값이 오르면서 화훼를 하기에 적합지 않은 공간이 되어 버린다. 사실 '물'이 풍부한 공간이라도 산지라서 기후 온도 차가 크고 비닐하우스를 크게 조성할 수도 없는 지역이기도 했고, 기존에는 싼 땅값 덕택에 운영할

서구에서 도시미화를 위해 운영 중인 양묘

현재 현대화사업 중인 양묘장 시설 공사 현장

수 있었지만 그러한 조건도 없어져 버려서 화훼 농업의 붐은 금방 시들해 져 버렸다. 이후 구덕산과 엄광산을 이용한 관광산업 외에 할 수 있는 사 업이 없기에 많은 사람들이 꽃마을을 떠났고, 겨우 삶을 버티던 원주민들 도 거의 도시로 떠나서 , 이제는 같은 마을 사람들이지만 서로 모르는 경 우도 많고, 필자가 여러 마을 사람들을 인터뷰했지만, 여기가 피란민들이 살았던 지역인지도 모르는 경우가 많았다. 특히 자신의 기억에 의존하는 마을 사람들은 '피란민'이 없었다는 증거를 특이한 어투(북한의 말)를 쓰지 않았던 것으로부터 유추하고 있었는데, 부산은 전쟁으로 인해 같은 어투 를 쓰는 '경남' 사람들도 올 수 있다는 생각을 하지 못하는 것 같았다.

이러한 피란민의 역사와 공동묘지의 역사를 잊은 꽃마을은 이제 산을 관망하는 장소로만 생각하게 된다. 등산객의 마음으로 구덕산은 보면 꽃 마을은 여러 산들을 타기에 좋은 장소이다. 구덕산에서 엄광산으로 가면 학장동이 이어지고, 승학산 쪽으로 가면 동하대학교 승학캠퍼스가 이어 진다. 그리고 아예 바다 쪽으로 눈을 돌리면, 천마산을 거쳐 암남공원까지 도 갈 수가 있다.

부산광역시 서구 문화관광 홈페이지에서 소개하고 있는 서구 트레킹 코스 ⓒ서구 문화관광 홈페이지

구덕산의 가치는 이렇게 바다와 강을 가로지는 중요한 위치에 서 있으면서, 태백산부터 이어진 물의 수원을 강으로 내려주는 정말로 오래된 지형적 가치를 지닌 산이다. 우리의 삶과 아주 다른 차원의 '신성한' 체계가 있었던 고대인들은 그들에게 주어진 물의 가치를 아주 신비롭게 여겼고, 그것을 신이 주는 선물로 생각했다. 그것뿐만 아니라 모든 고대 제국의 발원지가 '강'이었고, 그 강의 풍요로움은 산에서 내려오는 물들이 만들어주는 것이었다.

우리가 알고 있듯이, 단군왕검이 왜 가장 높은 백두산이 아닌 태백산의 나무를 신단수로 여기고 그곳을 우리나라 역사의 시초로 삼았을까? 그것은 산 때문이 아니라 물의 기원을 알았던 고대인들의 지혜가 반영된 선택이었다고 생각한다.

부산을 풍요롭게 하는 것은 사실 산과 바다라고 생각하는 사람이 많지만, 산에 있으면서도 강과 바다를 바라볼 수 있는 구덕산에서 산, 강, 바다 어느 하나 소중하게 다루기 위해서는 '물'을 신성시 여기던 고대인들의 정신을 본받아야 한다고 생각한다. 우리가 물의 기원과 물의 고마움을 잊어버린 수많은 쓰레기가 이 우리의 삶을 황폐화시키는 지경에 이르렀다. 물고기들이 미세플라스틱을 먹고 그것을 우리가 다시 집어삼키고 있는 이 시점에서 앞으로 구덕산의 물줄기를 잘 보호하고 그것이 주는 가치를 주의 깊게 성찰할 필요가 있다.

구덕수원지는 72년에 둑이 완전히 무너지는 큰 수해가 일어난 이유로 결국 완전히 복개되어서 구덕터널 밑으로 보이지 않게 흐르는 하천이 되어버렸다. 사실 수해는 우리가 살지 말아야 할 터전에 살면서 물을 우리에게 용이하게 다루기 위해 수원지를 만든 것이 원인이었다. 그러나 이런 수

해를 결국 없애는 방식으로 저렇게 계속 인간의 관점에서 물을 범람하지 않게 완전히 산의 지형을 다 깎아내려 버렸다. 빨리 내달리기 위해 산을 뚫고, 물의 범람을 막고자 산을 깎은 구덕산의 모습은 지금은 너무 볼품이 없어졌지만, 산의 안자락에서는 아직도 100년이 넘은 우리의 조상들이 묘소에서 기나긴 영원의 잠을 자고 있고, 작은 냇물들이 줄기줄기 흐르며 산의 생태계를 윤택하게 하고 있다.

구덕산이 정말 중요한 것은 산이기 때문이 아니라 물과 함께 하는 산이기에 꽃마을이란 이름도 붙을 수 있었다고 생각한다. 구덕산의 가치를 아는 사람들은 구덕산을 수원지가 많은 장소로 기억한다. 한국전쟁 이후 피란민들이 이 물의 상류를 차지하며 산 까닭에 수원지가 오염되고 식수로 쓰이지 못하는 물이 되었지만, 앞으로도 계곡을 정화하고 생태를 살리는 작업을 많이 한다면 구덕산은 맑은 물을 지닌 장소로도 관광객들이 기억할 수 있을 것이다.

우리는 어쩔 수 없다는 이유로 자연을 우리 마음대로 개발하고 파헤쳐 왔다. 특히 부산은 근대 산업에서 가장 상징적인 공간이기에, 공장을 통해 토지와 강을 마치 인간만의 것인 양 탐욕적으로 착취해 왔었다. 지금의 낙동강의 둑만 보아도 그것을 설치한 이유는 인간의 식수와 공업용수 보급을 위한 둑일 뿐 자연에게는 생태계를 어지럽히는 무자비한 가림막일 뿐이다.

그런 점에서 우리는 구덕산에서 이어지는 낙동강의 강물이 바다와 어우러지는 자연의 역사를 언제쯤 복원할 수 있을까 하는 생각도 해본다. 낙동강의 기수지역(바다와 강이 만나는 지점)은 매우 중요한 공간으로 거기에서 모래가 형성되고 짠물과 단물의 오묘한 조합 속에 사는 다양한 생명체들

(우리가 잘 알고 있는 재첩도 이런 공간에서 산다)도 만날 수 있게 된다. 그리고 연어와 반대로 강에서 바다로 나아가는 장어 떼의 신비스러운 삶도 마주할 수 있게 되는 그런 삶을 우리는 다시 꿈꿀 수 없을까, 아니 꿈꿀 수나 있기는 한 것인가?

다시 중요해질 수밖에 없는 꽃마을

꽃마을은 피란민의 마을이자, 물의 축복이 깃든 마을이자, 죽은 자와 산 자들이 공존하고 있는 마을이라는 사실을 아무도 광고하지 않는다. 오로지 역사적으로 중요한 고갯길이었고, 한때 원예마을로 사람들이 북적이던 곳, 이제는 관광객들이 즐겁게 다양한 문화적 공간 안에서 산을 즐길 수 있는 공간으로만 인식되고 있다.

꽃마을은 지금도 난개발 되고 있는 상황인데, 바로 꽃마을에서 엄광산 산책로 쪽으로 가보면 거대하게 조성된 골프 연습장을 볼 수 있다. 이러한 것만 봐도 관광업과 관련된 음식점과 펜션이 가득 찬 곳으로 꽃마을의 우울한 미래(마을 사람들과 관광객에게는 아닌지 모르겠지만)가 예상된다. 필자가 보고 있는 구덕산은 이미 역사적 상처가 많은 산이다. 이러한 지점을 알고 돌봐야 하고, 우리가 중요하게 생각하지 못했던 가치들을 되찾아야 한다.

낙동강 동안의 구덕산에서 발원하여 낙동강 하류와 합류하는 괴정천 상류에 위치한 사하구 괴정동 산기슭의 괴목(槐木) 주변 일대의 아래의 조개더미 유적은 부산광역시 지정문화재였는데 1978년에 해제되었다고 한다. 이러한 것도 구덕산과 강물의 풍요로움이 만들어낸 원시적 삶의 역사를 그려볼 수 있는 자원이었는데, 그것도 관리가 힘들게 되자 없애버리고 말았다.

단순한 자본의 상품 거리가 아니라, 아주 긴 시간을 통해 꽃마을을 투영해 본다면 우리가 상상할 수 없는 엄청난 시간의 흐름 안에서 부산을 바라볼 수 있을 것이다. 들뢰즈라는 철학자가 '잠재성'이라는 말로 고래와 인간이 포유류라는 사실 안에서 아주 긴 시간을 들여다보면 현재에서 우리가 다를 뿐, 그 긴 시간 안에서도 우리 사이에는 분명하게 내가 고래가 될 수 있었던 잠재성이, 고래가 인간이 될 수 있었던 잠재성이 녹아있다고 말했었다.

이 말을 너무나 쉽게 생각한다면, 이는 철학과 과학의 친근성과 그리고 과학과 철학 너머에서 보편성을 지향하는 인간의 직관력을 잘 모르는 것이다. 예를 들어 '시간'만 이야기해봐도 시간은 보이지도 않는데, 시계를 쳐다보며 모두가 같은 시간을 살고 있다고 생각한다. 얼마나 어리석은

부산 사하구 괴정 1동에 있던 조개더미 유적 ©사하구청

제논의 역설 같은 일인가? 지구가 완전히 둥글지도 않고 지구가 자전하는 것이 꼭 24시간만 돌자고 기계처럼 회전하는 것이 아닌데, 우리가 시간을 그렇게 딱 맞게 재고 살아간다. 그러나 지구의 한 바퀴는 동일한 우주의 공간 안에서 동일한 회전의 에너지로 돌고 있는 것이 아니다. 미세하게 변화하고 미세하게 어긋나고 있다. 왜냐하면 우리가 동일한 걸음을 걷지만, 땅의 표면에 따라 날씨에 따라 그리고 나의 컨디션에 따라 발의 보폭과 걸음의 모양이 미세하게 달라지듯이 세상에 동일한 것은 하나도 없다. 그렇기에 동일한 관점에서 세상을 바라볼 필요도 없는 것이다. 그런데도 동일한 패턴으로 우리를 재단하는 도시적 삶을 우리는 왜 불편하게 생각하지 못하는지 안타깝다.

서울추모공원 조감도
ⓒ서울추모공원

김유신 장군 묘지의 정면 모습
ⓒ한국민족문학대백과사전

위의 사진처럼 모든 묘지가 무서운 공간이 아니라 아름다운 공간이거나 옛날 왕들이나 장군의 묘를 보면 무섭다기보다는 웅장한 느낌이 먼저든다. 이렇게 묘지만 하더라도 좋은 예시들이 많은데도, 모든 것을 동일화해 버리는 탐욕적인 자본의 시각 아래서 꽃마을의 잠재성을 놓치고 오직 관광 상품으로서의 꽃마을만 직시한다면 산 자와 죽은 자가 함께 하고, 물의 기원을 다시 살리는 꽃마을의 작업은 시작될 수 없을 것이다. 조금만 다른 보폭으로 보고 다른 시선으로 볼 수 있는 여지가 있다는 사실, 다른 잠재성이 있다는 사실 안에서 꽃마을을 되살려 나갔으면 하는 바람이다.

역사민속학자

현대 부산 탄생의 역사적 문화적 흔적을 찾아 헤매고 있는 역사민속학자다.

저서로는 『부산의 탄생』, 『부산은 넓다』,

류승훈 ● 『여행자를 위한 도시인문학 부산』 등 10권이 있다.

아바이마을(당감동)

'단절된 도심'에서
희망을 틔우다

류승훈

당감동의 '당리(堂里)'를 찾아서

당감동은 '잊혀가는 마을'이다. 아니, '소외된 마을'이다. 당감동은 부산의 중심에 있으면서도 철도와 도로로 인해 단절되고 고립되었다. 근래들어서 한국전쟁 당시 피란수도 부산을 강조하다 보니 피란민 마을로서당감동이 알려졌다. 물론 북한 피란민들이 내려와 당감동 아랫동네에 정착한 것은 맞다.(편의상 동평로를 기준으로 윗동네와 아랫동네로 나누어 부르기로 한다.) 하지만 당감동은 동래나 수영에 버금갈 정도로 오래된 고을이었다. 조선시대 당감동에는 성(城)으로 둘러싸인 중요한 치소(治所, 지방관이 고을을 다스리는 곳)였다. 지금의 동평초등학교 일대가 바로 동평현(東平縣) 성곽이 있었던 곳이다. 1990년대 발굴 조사에서도 고려시대 동평현 성지가 확인되었다.

당감동은 당리(堂里)와 감물리(甘物里)가 합쳐 생긴 동명이다. 감물리는백양산에서 발원하여 선암사를 거쳐 동천(東川)으로 흘러가는 감물내(당감

동평현 성지가 발굴되었던 동평초등학교 일대이다. 북쪽으로 보이는 화승삼성아파트에 예전에는 동양고무 신발 공장이 있었다. 동평초등학교 오른쪽의 붉은 건물이 신일교회이며 그 뒤로 작은 숲에 어모장군단이 있다.

천)를 뜻한다. 당리는 마을신을 모시는 제당이 있다는 의미다. 당감동 어모장군단(禦侮將軍壇)은 당리의 희미한 기억이다. 당리에는 어모장군을 모시던 신당(神堂)인 영숙사(永肅祠)가 있었다. 옛 기억을 실제로 확인해보려면 윗동네로 가야 한다. 이 윗동네는 원래 백양산 줄기가 비스듬히 내려오는 지형이었다. 아파트 단지와 도로 등 각종 개발로 인해 지형이 깎이고 메워져 지금은 꽤 가파른 길이 있다. 그래서인지 동평초등학교 남쪽에 있는 어모장군단도 접근이 쉽지 않다.

　당감서로에서 좁고 가파른 길을 올라가면 신일교회를 지나 동평경로당을 볼 수 있다. 어모장군단은 경로당 뒤쪽에 외진 곳에 있다. 옛 당집은 허물어지고 어모장군단 비석을 새로 세웠다. 어모장군을 본 나는 잠시 예

어모장군단비. 1905년 현재의 자리로 이전해왔다.
원래의 사당은 소실되었으나 주민들이 석비를 복원하고 비각을 새로 지었다.

를 표했다. 지금은 찾아오는 이 없어도, 과거 왜적들로부터 동평현을 방어하기 위해 호령했던 장군이 아니던가. 어모(禦侮)는 특정한 인물이 아니라 조선시대 무관의 정3품 벼슬을 가리킨다. 나는 어모장군을 동평현을 다스리던 성주(城主)라고 생각한다. 고려 이후 창궐하는 왜구의 침입을 막았던 동평현의 어모장군. 그에 대한 강렬한 믿음과 마을의 안녕을 기원하는 소망이 담겨 이렇게 마을의 당집으로, 그리고 당리라는 지명으로 부활한 것이 아닐까.

꺾이고 단절된 공간 : 도심 속 외로운 섬

　당감천이 흘러간 역사는 곧 당감동의 역사이기도 했다. 감물은 당감리 논밭을 적셔주고, 생활용수로 사용되었던, 달고 맑은 천(川)이었다. 하지만 당감천은 근·현대 시기 곤혹을 치렀다. 일제 강점기 말기 철도조차장이 생기면서 자연스럽게 가야역 쪽으로 흐르던 물길은 진양사거리 방향으로 꺾이게 되었다. 그럼에도 꿋꿋이 흘렀던 당감천은 현대 들어 동서고가도로 건설 공사로 인하여 완전히 복개되었다. 동서고가도로를 타고 오다 보면 당감동은 북쪽 주택가(당감1, 3, 4동)와 남쪽 '한국철도공사 부산차량사업소'(당감2동)로 분할되어 보인다.

1990년대 초반 막바지에 이른 동서고가도로 건설 공사 장면이다. 동서고가도로 오른쪽이 가야조차장, 왼쪽이 삼익아파트이다. 삼익아파트 앞쪽으로 주택들이 가득 찬 김지태 산이 보인다. 김지태는 조선견직과 삼화고무의 사장 등을 역임했던 부산의 대표적 기업인이었다. 김지태 산은 현재 동일파크스위트아파트 단지로 변하였다. ⓒ부산시

당감동은 도심에 있지만 '외로운 섬'처럼 동떨어지고 외롭다. 동서고가도로는 당감동을 분할하였을 뿐만 아니라 시내와 단절시켰다. 지상에 발디딘 채 올려보는 동서고가도로는 시선에서 주변 환경을 완전히 앗아간 거대한 시설이다. 이 위협적 교통 시설물은 부산에 빠른 속도를 주었지만 당감동을 소외시키고 움츠리게 하였다. 그런데 모든 사실은 역설적이다. 도로와 철도로 인하여 외부로부터 격리된 당감동(아랫동네)은 되레 내부를 강하게 품었고, 과거의 모습을 보존시켰다. 동서고가도로 아래에 낡고 좁은 주택들, 그리고 오래된 마을이 허물어지지 않고 여전히 당감동 풍경을 차지하고 있다.

당감동 피란민 마을은 북쪽은 동평로, 서쪽은 삼익아파트, 동쪽은 동일파크스위트아파트를 경계로 형성되었다. 그 중심 거리는 지금의 백양대로 60번길이다. 이 일대는 피란민들의 중요한 생활 구역이었다. 지금까지 이 거리 주변에는 당감시장, 매실보육원, 남도교회, 본정냉면 등이 있어 아바이마을의 옛 정취를 느끼게 한다. 해방 이전만 하더라도 이 일대는 논밭이 넓게 펼쳐져 있던 공간이었다. 당감동 사람들에게 이 논밭은 주요한 삶의 터전이었다. 그런데 한국 전쟁이 발발하고 당감동에도 피란민들이 유입되었다. 새로운 삶의 공간이 필요하였던 피란민들은 빈터가 많았던 아랫동네로 모였다.

내가 처음 당감동 피란민 마을을 찾은 때는 10여 년 전이었다. 당시만 해도 피란민 마을의 흔적은 초량동, 수정동, 영주동 등에서 찾았던 시절이었다. 당감동을 둘러본 나는 부산에 피란민의 뿌리는 깊고 넓다는 사실을 알게 되었다. 산복도로가 아닌 도심의 평지에도 피란 시절의 아우성은 여전히 들리고 있었다. 다닥다닥 붙어있는 집들, 두 사람이 다니기에도 좁은

사진 속 남도교회 주변은 북한 피란민이 밀집하여 아바이 마을로 불리던 곳이다.(백양대로 60번길) 이쪽으로 흐르던 하천이 복개되고 도로가 설치되면서 이주민들이 더 몰렸고, 시장과 상권도 확대되었다.

골목, 2층이 툭 튀어나온 건축 구조, 불규칙한 주택 형태 등. 비록 건축 자재가 슬레이트와 벽돌, 콘크리트로 달라지긴 했어도 당감동 피란민이 살았던 삶의 궤적은 지워지지 않았다. 매우 급하고 힘들었던 그때 그 시절의 피란민 삶이 아스라이 다가왔다.

아시나요, 당감동 아바이 마을

남도교회 주변은 낡고 헌 주택들이 밀집되어 있다. 이곳에는 피란민 수용소가 입주해 있던 곳이다. 현재 부산 진구에서는 피란민 마을을 '당감 행복한 마을'로 만들기 위한 도시재생사업을 벌이고 있다. 한국전쟁이 발

1960년대 당감동 일대 항공사진이다. 중앙에는 철도시설(가야조차장)과 군부대 시설이 모여 있다. 가야조차장 남쪽에 태화 고무 공장이 보인다. 북쪽에 표시된 붉은 선에는 통신기지창, 삼화고무가 있고, 산기슭의 화장장이 희미하게 보인다. ⓒ부산시

발한 뒤에 처음으로 당감동에 피란을 온 사람들은 철도청 직원이었다고 한다. 당감동 남쪽에는 가야역과 철도 조차장이 있으며, 당감동 일대는 철도청 용지가 많았다. 당감동은 수용소를 설치하기에 마땅한 장소였다. 수용소는 짚과 가마니로 지어진 임시 가옥이었지만 당감동 피란민에게는 소중한 삶터였다. 초창기 수용소에 철도청 직원을 중심으로 생활하였을 때는 당감동에 많은 피란민이 살았던 것은 아니었다.

1·4후퇴 이후 본격적으로 피란민들이 몰려왔고 당감동의 빈자리를 피란민들이 채워갔다. 게다가 전쟁이 끝난 뒤에 거제도에 있던 함경도 피란민이 대거 당감동으로 이주해 왔다. 이제 당감동 수용소는 피란민을 수용하기에는 벅찬 공간이 되었다. 수용소에 들어가지 못한 피란민들은 주변에 판잣집이나 움집을 지어서 살기 시작했다. 판잣집은 미군 부대 주변에서 얻은 판자를 엮어서 만든 집이요, 움집은 땅을 약간 판 뒤에 가마니로 덮은 집이다. 판잣집이나 움집이나 한두 평 땅에 지어진, 그야말로 계딱지 같은 집이었다. 네 가족이 누우면 몸을 이리저리 돌리기도 어려운 협소한

공간이었다. 하지만 이 좁은 공간이 되레 겨울에는 가족 간 체온으로 금방 데워져 따뜻한 곳이 되었다.

전쟁으로 인해 당감동의 풍경은 많이 달라졌다. 먼저 통신기지창이 현 삼익아파트 자리에 들어섰다. 통신기지창은 원래 문현동에 있었는데, 전쟁 발발 후에 당감동을 징발하여 옮겨 왔다. 원래 그 일대는 논밭이었다. 땅을 일궈 사는 소작인에게는 청천벽력 같은 일이었다. 부대 공사 시 불도 저를 저지하는 등 군 당국과 주민과 갈등이 매우 심하였다고 한다. 하지만 전쟁 시절에 주민보다는 군대가 우선이었다. 통신기지창이 생기고 나서 이 부대에서 일하게 된 당감동 주민들도 심심찮게 있었다. 당감동 주민이 군인과 짜고 군용통신 필름 등 군수품을 빼돌리는 얌생이질도 생겨났다.

전쟁이 끝난 후에도 피란민들의 이주는 계속되었다. 주한유엔민간원 조사령부(UNCACK)의 협조를 받아 당감동에 주택 150동을 건축하였다. 300여 세대가 이때 집단으로 이주하게 되었다. 낯선 땅에서 피란민들은

당감동 아바이 마을에는 세월을 잊은 오래된 주택들을 쉽게 볼 수 있다. 판자에서 슬레이트로, 다시 콘크리트로 재료가 바뀌었어도 피란 시절에 세웠던 판잣집의 좁은 구조가 여전히 느껴진다.

서로 의지하면서 살아야 했다. 당감동에는 이미 정착한 피란민과 고향이 같거나 인연이 있는 피란민들이 들어왔다. 그리하여 피란민들의 생활 구역은 수용소 외에도 당감초등학교 남쪽 부지와 하천 일대, 그리고 김지태 산까지 넓혀졌다. 피란민이 많이 모여 살게 된 당감동은 '아바이마을'로 불렸다. 피란민들은 어려운 형편에도 서로 돕고 살았으며, 빈터를 텃밭으로 가꾸었다. 고향으로 갈 수 없는 피란민은 당감동을 제2의 고향으로 여기고 살게 되었다.

1957년에는 아미동에 있던 화장장이 당감동으로 이전해왔다. 인적이 드문 백양산 기슭이라 하지만 화장장의 이전은 당감동 주민에게 불편하고 괴로운 일이었다. 요즘 장묘시설인 화장장은 주민들에게 혐오 시설로 여겨 반대가 극심하다. 사실 마을 근처로 이전은 거의 불가능한 일이다. 당시 힘없는 당감동 피란민들이 집단으로 화장장을 반대하지도, 막아내지도 못했다. 화장장이 설치된 이후로 당감동에는 연기와 악취, 그리고 곡소리가 끊이지 않았다. 예전에는 화장장으로 들어가는 입구에 극락교가 있었다. 이 극락교는 이승에서의 마지막 다리라고 해서 장의차가 잠시 멈췄다가 다시 운행한 자리였다. 또 차 내부에도 새끼줄을 걸고 돈을 꽂지 않으면 건너지 않았다고 전한다. 화장장의 운영에도 불구하고 당감동으로 이주하는 주민들은 계속 늘어나 산기슭까지 주택들이 빼곡히 들어찼다. 화장장과 주민 사이의 갈등이 점차 심각해지자 결국 당감동 화장장은 폐쇄되었다. 그 자리에는 부산상고(현 개성고)가 입주하였다.

매실보육원과 시장, 그리고 냉면

전쟁은 젊은이들의 생명을 앗아가고 가족의 해체를 일으킨다. 그리하여 전쟁 후 사회는 늘 미망인과 고아를 보듬어야 하는 문제에 당면한다. 피란수도 부산에서도 마찬가지였다. 피란 수도 부산에는 피란민 행렬을 따라 전쟁고아들이 부산으로 들어왔다. 미군들도 전쟁통에 부모를 잃은 아이들을 부산으로 데리고 왔다. 부산으로 온 전쟁고아들은 홀로 자고 먹고 입기에는 참으로 막막했다. 그리하여 1950년대 부산에는 고아원과 보육원 등이 줄줄이 생겨났다. 당감동새시장 옆 골목에 자리를 잡은 매실보육원도 피란 시절의 고아들을 보살피기 위해 생겨난 시설이었다.

지금도 당감동에 가면 매실보육원이 먼저 생각난다. 2010년 나는 매실보육원 박진숙 원장과 인터뷰를 한 적이 있다. 매실보육원은 설립자인 최매실 여사의 이름을 따서 만든 보육 시설이다. 박 원장은 최매실 여사의 따님으로 뒤를 이어 배실보육원을 책임지고 있었다. 독실한 기독교 신자였던 최 여사는 평양 진남포에서 벽돌공장을 운영하였다. 전쟁이 터지자 그녀는 아이들을 데리고 부산으로 피란을 왔다. 그런데 부산에서 최 여사는 또 다른 참혹한 현실과 마주하였다. 오갈 데 없는 전쟁고아들이 떼를 지어 초량거리를 하염없이 헤매고 있었다. 1952년 최 여사는 수정동에 천막 2개를 설치하여 고아들을 품기 시작하였으니 이것이 매실보육원의 출발이었다.

그 뒤로 당감동 철도용지를 매각할 때 최 여사는 어려운 형편에도 보육원 땅을 사 이전하였다. 최 여사와 가족들은 100여 명의 아이를 돌보기 위하여 열과 성을 다했다. 하야리아 부대에서 음식 재료를 얻고, 구포 미곡

매실보육원은 당감새시장의 동쪽에 인접해 있다. 피란 시절에 생겨나서 현재까지도 아이들을 돌보는 당감동의 대표적 보육 시설이다. 사진에서 보이는 뒷모습의 여성이 최매실 여사이다. 미군으로부터 원조를 받은 물건을 아이들에게 나눠주는 장면이다. 과거 매실보육원(위) ⓒ매실보육원, 현 매실보육원(아래)

창고에서 묵은 쌀을 받아 와 아이들을 먹였다. 아이들 옷을 빨래하는 것도 보통 일이 아니었다. 당시 이화여대를 다니던 박 원장은 방학 때면 집으로 내려와 아이들 빨래를 도와주곤 했다. 그녀는 우물가에서 산더미 같은 빨래를 하다 보면 새벽 2~3시가 되었다고 했다. 그렇게 키운 당감동 아이들은 당당하게 사회로 나가서 훌륭한 인재로서 역할을 하게 되었다. 그때까지 시련에 빠진 아이들을 돌보는 일을 천직으로 알고 사회봉사를 실천하는 박 원장 앞에서 나는 고개가 수그러졌다. 당감동 피란민 마을이 비록 단절되고 소외된 땅이었지만 그 고통을 보듬고 키워낸 분들이 있었기에 당감동은 절망을 버리고 희망의 싹을 틔우게 되었으리라.

매실보육원에서 골목을 통과하면 당감새시장으로 진입한다. 구(舊) 당감시장은 남도교회 앞에서 삼익 아파트로 이어지는 도로에 조성되었다. 옛 시장에 상점이 남아있고, 일부 장사를 하지만 거의 상권은 당감새시장으로 옮겨졌다. 당감새시장은 평일에도 활기가 넘쳐난다. 외부와 단절된 당감동 사람들은 인근 대형마트에 가기보다 가까운 전통시장을 찾는다. 당감새시장에는 판매되는 상품 종류도 다양하거니와 횟집들도 많이 입주해 있다. 당감시장은 피란민들의 삶과 밀착하여 성장했다. 피란민 마을이 커질수록 필요한 것이 시장이다. 시장은 물건을 사는 동시에 파는 곳이다. 특별히 직업을 구할 데 없는 피란민은 시장에 나가 무엇이든 팔아야 삶을 이어나갈 수 있었다. 당감시장은 피란민에게 매우 소중한 경제적 터전이었다. 당감동 주민 수가 급증하고, 장터 인근 개천이 복개되면서 당감시장은 더 확장되었다.

시장과 동네 주변을 돌아다니면 본정냉면, 흥남냉면, 사리원 냉면, 시민냉면 등 냉면집들이 많은 사실이 눈에 띈다. 밀면집에 자주 가는 부산

당감구시장과 새시장은 서로 연결되어 있지만 상권은 새시장으로 넘어갔다.
점포 상당수가 문을 닫은 구시장과 아케이드가 설치되고 활력이 넘치는 당감동 새시장이 서로 비교된다.

사리원 밀면집

시민냉면집

사람도 당감동 냉면은 잘 모른다. 당감동에 냉면집이 많은 이유는 피란민 때문이었다. 잘 알려졌듯이 냉면은 북한 음식으로 부산에 내려온 피란민들이 냉면 문화를 전파했다. 부산 밀면도 북한 냉면을 터전으로 가지를 친 음식이다. 당감동에 정착한 피란민들은 피란민을 대상으로 냉면 장사를 시작하였다. 당감동 피란민들이 모여서 계를 하면서 먹는 음식이 냉면이었다. 겨울에도 연탄으로 방을 뜨끈하게 해 놓고 앉아서 차가운 냉면을 먹었다. 생일, 결혼식 등 잔칫날에도 피란민은 모여서 냉면을 먹을 정도로 북한 사람은 냉면 사랑이 남달랐다. 그러하니 피란민에게 냉면은 단지 음식이 아니었다. 돌아갈 수 없는 북쪽 고향을 떠올리게 하고 먼 타향에서 동향 사람의 공동체를 강하게 이어주는 매개체였다.

현재는 피란민 1세대들이 거의 돌아가셨으므로 후세대가 당감동 냉면집을 운영하고 있다. 사리원 냉면집은 1·4후퇴 때 황해도 사리원이 고향인 피란민이 장사를 하다 이제는 딸이 대를 이어 운영하고 있다. 시민냉면집 주인의 고향은 경상남도 고성이다. 그는 당감동 흥일냉면집에 취업을 해서 냉면 만드는 기술을 배웠다. 흥일냉면집은 함경도 흥남 서호에서 온 피란민이 문을 연 가게였다. 여기서 레시피를 배운 그는 시민냉면집을 열어 평생 북한 냉면을 메뉴로 장사를 했다. 지금도 주인장 따님이 운영하는 시민냉면집에 가면 함흥식 냉면과 평양식 냉면을 모두 맛볼 수 있다. 잘 알려졌듯이 함흥식 냉면은 비빔냉면, 평양식 냉면은 물냉면이다. 이렇게 당감동에 가 보면, 긴 냉면 가락이 끊어지지 않고 이어지듯이 북한 음식문화가 함경도 사람에게서 당감동 사람으로, 그리고 이제 2세대로 계속되고 있음을 알 수 있다.

신발 사업의 전진기지, 당감동

산업화 시절 당감동에 또 하나의 변화가 들이닥쳤다. 신발공장은 당감동에 깊은 발자국을 남겼다. 전쟁 시절 당감동은 피란민을, 산업화 시절에는 노동자들을 품어야 했다. 산업화 시절 태화고무, 동양고무, 진양화학 등 부산을 대표하는 신발공장이 당감동 인근에 설립되었다. 지금도 당감동 주변에는 신발 사업의 전진기지였던 옛 추억이 스며있다. 화승삼성아파트는 동양고무 신발 공장이, 태화현대아파트는 태화고무 신발 공장의 터였다. 개성고등학교 북쪽에 가면 한국신발피혁연구원이 있다. 이 연구원이 당감동에 자리를 잡은 것도 당감동이 신발 산업의 전진기지 역할을 하였기 때문이다.

1960~70년대 수만 명이 당감동으로 몰렸다. 그들은 대부분 시골에서 이농하거나 공장에 취업하려고 몰려든 노동자들이었다. 이들은 부산의 산업을 뒷받침해준 역군들이었다. 당감동 주민들은 이들이 반가웠다. 좁은 집이지만 방을 나누어 세를 주었다. 판잣집 일색이었던 당감동의 주택에도 큰 변화가 일어났다. 블록과 슬레이트를 써서 허름했던 판잣집 외관을 바꾸었다. 여유가 있는 가정은 슬래브 양옥집을 짓기도 하였다. 조금이라도 방을 넓히고 세를 받기 위하여 1층보다 넓게 2층을 올렸다. 그러나 보니 골목은 더 좁아졌다. 지금의 당감동 마을의 골목 풍경은 이 시절에 생겨난 것이라 해도 과언이 아니다.

하지만 당감동의 번성은 오래가지 못했다. 신발 산업이 의존했던 해외에서의 주문생산 방식이 더는 통하지 않게 되었다. 수출에 기댔던 신발 산업은 된서리를 맞았고, 잘 나가갔던 당감동 공장들도 도심 외곽으로 이전

당감동 아바이마을의 좁은 골목 풍경

했다. 일자리가 사라지자 당감동을 찾는 노동자 발길도 뜸해졌다. 하지만 당감동 사람들은 여전히 희망을 잃지 않는다. 아바이 마을을 돌아다니다 보면 여름 더위에도 좁은 골목에 나와 이야기꽃을 피우는 주민을 쉬이 볼 수 있다. 그들은 가난하고 어려운 시대를 당감동에 붙박인 채 절망에 빠지지 않고 희망을 품고 살았다. 당감동이 없었더라면 멀리서 이주해온 사람들이 삶의 희망을 틔우는 것은 불가능했을지도 모른다.

〈참고문헌〉

1. 부산광역시사편찬위원회, 1996, 『부산지명총람-영도구·부산진구·동래구 편-』 제2권
2. 임시수도기념관, 2013, 『부산밀면이야기』
3. 차철욱·공윤경, 2010, 「한국전쟁 피난민들의 정착과 장소성-부산 당감동 월남 피난민 마을을 중심으로-」 『석당논총』 47집, 동아대 석당학술원

부산의
마을 —————————————
1960년대 전후

시인

1960년 부산에서 태어나 초중고와 대학을 모두 부산에서 나왔다.
시집 여섯 권과 산문집 다섯 권,
그리고 한국신발 100년사 『고무신에서 나이키까지』를 냈다.
동길산 ● 시집 『꽃이 지면 꽃만 슬프랴』로 2020 김민부문학상을 받았다.

골목시장(민락동)

삼팔따라지 애간장이
녹아든 시장

동길산

민락골목시장은 일필휘지다. 한 일(一) 자로 트인 시장이다. 그래서 시원시원하다. 시장 생긴 것도 시원시원하고 시장 상인도 시원시원하다. 선뜻선뜻 깎아 주고 선뜻선뜻 보태 준다. 채소며 생선이며 정육이며 상품이란 상품은 죄다 '넘버 원'이라서 한번 발을 들인 손님은 두고두고 고객이 된다.

상인들 시원한 마음은 깊은 데서 온다. 내 가족이라는 마음으로 손님을 대하고 내 가족이 먹는다는 마음으로 진열대 상품을 채운다. 매사 그렇다. 마음이 깊지 않으면 하루 이틀 사이좋다 말지만 마음이 깊으면 한 해가 가고 한평생이 간다.

얼마나 깊을까. 얼마나 깊기에 한 해가 가고 한평생을 갈까. 아는 방법은 간단하다. 민락골목시장에 가 보면 안다. 가서, 하나도 아니고 둘도 아니고 셋이나 되는 우물을 보면 안다. 우물을 보는 순간 누구라도 감탄사가 나오고 누구라도 우물을 들여다보게 된다.

민락골목시장 내부. 전쟁으로 인해 고향에서 타향으로 떠밀리고 도시개발로 인해 살던 데서 변두리로 떠밀린 삼팔따라지의 애간장이 녹아든 시장이다.

우물은 깊다. 속이 보이지 않을 정도로 웅숭깊다. 이 깊은 우물에서 시장 상인 깊은 마음이 나오고 이 깊은 우물에서 민락골목시장 깊은 역사가 나온다. 우물은 이곳에 수돗물이 나오기 이전 식수로 쓰였다. 애초에는 13군데가 있었다. 그만큼 사람이 많이 살았다는 증거다. 여기 시장의 역사가 얼마나 깊고 오래됐는지도 여기 우물은 웅변한다.

시장의 역사는 1950년 한국전쟁으로 거슬러 올라간다. 당시 부산 중심지는 중구와 서구. 전쟁 피란민은 중심지를 찾아 중구와 서구 고지대에 정착했다. 중구와 서구 가까운 영도구나 동구, 부산진구에서도 마을을 이루었다. 하지만 옮겨야 했다. 1960년대 들어 도시가 발달하고 팽창하면서 부산 변두리로 밀려나는 신세가 되었다. 이른바 정책이주였다.

부산 변두리 곳곳에 정책적으로 이주시킨 마을이 들어선다. 나라에서 하는 일이라 따르긴 따랐지만 전쟁 피란민 입장에선 억하심정이었다. '하꼬방'일망정 삶터를 일궈 놓았고 삶터 근처에 일터까지 구해 놓았건만 어디로 가라는 말인가. 피란민 반발을 억누를 유인책이 필요했다. 당시로선 반듯한 현대식 주택을 지어놓고 피란민에게 분양했다. 주택은 재건주택 또는 간이구호주택 등으로 불렀다.

"6·25전쟁 피란민이 3평짜리, 5평짜리, 7평짜리 집을 분양받아 여기 정착하면서 동네가 형성됐어요."

이주마을은 1960년대 집중적으로 들어섰다. 당시로선 부산 외곽이던 곳이다. 해운대구 반송동, 금정구 서동, 그리고 여기 수영구 민락동 등이

민락골목시장의 골목 풍경

다. 민락동은 1963년부터 입주를 시작했다. 민락골목시장 박근배 상인회장은 당시 상황을 구체적으로 들려준다. 그때도 있는 사람은 있고, 없는 사람은 없어 평수가 저마다 다른 집들이 민락동에 우후죽순 지어졌고 마을이 형성됐다.

민락동은 현재 부산의 핫 플레이스. 시장 아래로는 몇 분 안 되는 거리에 부산의 대표적 관광지 광안리해수욕장이 있고 코로나19로 인해 출입을 제한할 정도인 민락수변공원이 있다. 시장 위로는 도로 건너편에 부산 MBC 사옥이 있다. 그런데도 부산 변두리였다니 얼른 믿기지 않는다.

"그때는 부산에서 제일 후진 곳이었어요. 용호동과 땅값이 엇비슷했어요."

김종수 민락동 주민자치위원장은 본인 표현대로 '민락동 말뚝'이다. 1949년생이다. 조상 때부터 수영에 정착한 토박이 중의 토박이다. 선친은 부산MBC 뒷산인 백산을 개간해 농장을 경영했다. 부산시가 1963년 7월 25일 발급한 '일반개간허가증' 제1호가 선친이 경영하던 동흥농장이었다.

1963년은 정책이주민이 민락동에 입주를 시작한 해. 이주민과 백산 동흥농장은 별개가 아니었지 싶다. 이주민은 농장 개간이나 관리 같은 일자리를 얻어 가족을 먹여 살리며 오늘보다 나은 내일을 모색했을 것이다. 변두리에 속했던 용호동과 땅값이 엇비슷할 정도로 민락동은 어려운 동네였지만 희망의 떡잎은 그때도 파릇하게 자라고 있었다.

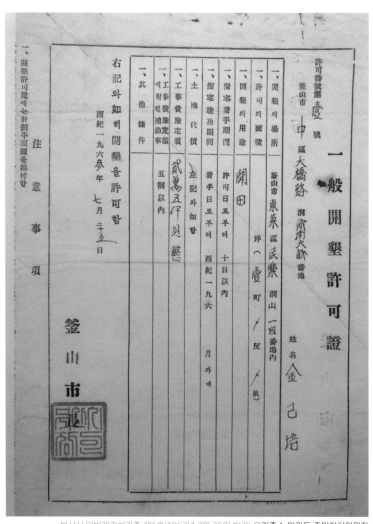

부산시 일반개간허가증 제1호(1963년 7월 25일 발간) ⓒ김종수 민락동 주민자치위원장

민락골목시장 역사는 이주민의 역사다. 시장은 사람이 사는 곳이나 모이는 곳에 선다. 여기에 이주마을이 들어서면서 민락골목시장이 섰다. 반송에는 반송골목시장이 들어섰고 서동에는 서동미로시장이 들어섰다. 물론 처음부터 시장 규모는 아니었다. 사람 다니는 길목에 아낙 몇이 난전을 폈고 그게 골목시장이 되었다. 김종수 위원장 역시 이 시장이 길목이었다고 증언한다. 이 길을 통해 집과 해수욕장을 오갔다.

길은 꽤 넓다. 짐차가 다닐 정도다. 길이도 꽤 길어 골목이라 하기엔 뭔가 마뜩잖다. 그렇다. 골목은 이 길이 아니다. 민락골목시장 '골목'은 시장이 이어지는 길을 가리키는 게 아니라 시장길 양편 여기저기 들어선 비좁은 골목을 말한다. 비좁은 골목을 사이에 두고 피란민 주택이 다닥다닥 들어섰다.

"옛날엔 피란민 집들이 다닥다닥 붙어서 이어졌어요. 지금은 이층집도 있고 삼층집도 있지만 그땐 모두 단층이었어요. 단층집들이 한 층 한 층 높아진 거죠."

민락골목시장 근간을 이룬 단층집은 아직 몇 남아 있어 그때 그 시절을 이야기한다. 김종수 위원장이 가리키는 골목집들은 단출하다. 새시 출입문 하나, 새시 창문 하나. 고향 땅에서 무난하게 살았을 우리의 아버지, 어머니가 부산에 피란 와서 살던 집들, 집들. 아버지, 어머니 거칠어진 손등을 어루만지듯 벽에 손을 댄다.

민락골목시장 우물은 우리의 아버지, 어머니가 물려준 유물이다. 유품이고 유적이다. 대표적인 게 우물이다. 수돗물 들어오기 전에는 우물물을 길어 밥을 지었으며 숭늉을 끓였다. 어디랄 것 없이 다들 그랬다. 그러므로 우물은 한 시대 이전의 생활상을 들여다보는 거울이며 한 시대 이전 우리의 자화상이다.

우물은 처음부터 있진 않았다. 애초엔 흐르는 물이나 샘물을 썼다. 그러나 그 둘은 관리가 쉽지 않았고 대개는 멀리 있었다. 물 없이는 하루도 견디기 어려운 게 사람의 몸 구조고 생활 방식이지 않은가. 지혜를 짜낸 게 우물이었다. 물이 나오는 땅을 골라 필요한 만큼 팠고 가능하면 집 가까이 팠다.

민락골목시장 우물 역시 그랬다. 이주마을이 들어서고 여기로 사람이 몰릴 것을 대비해 우물을 팠다. 아까 말했듯 이때 팠던 우물은 무려 13군데. 엄동설한에도 두레박 내려 물을 길었고 깜깜한 새벽에도 물을 길었다. 민락동 정책 이주민은 이 물로 지은 아침을 먹고 하루를 살아갈 힘을 얻었으며 오늘보다 나은 내일로 나아가는 힘을 얻었다.

"민락동 같은 도심지에 오래된 우물이 있다는 것만으로도 관심의 대상이 되죠. 향수를 자아내고요."

몇 년 전 우물을 두고 의견이 분분했다. 낡은 우물이라 없애자는 의견과 지역의 역사니 보존하자는 의견이 날을 세웠다. 결국 보존 쪽으로 가닥을 잡고 시청과 구청 예산으로 복원하고 정비했다고 민락동 손영복 동장은 귀띔한다. 다행이다. 하마터면 한 세대, 두 세대에 걸친 역사가 송두리째 파묻힐 뻔했다. 요즘 스마트폰 문자로 종종 쓰는 'ㅠㅠ'다.

'우물 속 행운을 잡아라.' 우물의 힘은 지금도 이어진다. 오륙십 년 이전 우물이지만 물은 여전히 맑고 우물은 여전히 깊다. 예전처럼 식수로는 쓰지 못하지만 남은 셋 우물 중에서 둘은 청소 같은 허드렛물로 쓰이며 하나는 마중물 체험으로 쓰인다. 그리고 셋 우물 모두 시장 고객사은축제 이벤트를 이끈다. 2020년 10월 19일부터 11월 13일까지 열렸던 '민락골목시장 고객사은 정원축제 2020'의 우물 속 행운을 찾는 이벤트가 그것이다.

우물에는 무슨 행운, 무슨 보물이 숨겨 있을까. 소풍 가서 보물을 찾아 돌멩이 들추듯 우물을 들여다본다. 내벽 틈으로 뿌리를 내린 가녀린 풀이 보이고 풀 사이로 하늘이 비치는 수면. 바닥이 보이지 않을 만큼 물은 깊고 그리고 맑다. 하루하루 억하심정이지만 오늘의 고통을 감내해 내일의 희망으로 나아가려던 아버지, 어머니의 심성이 그랬으리라. 저리도 깊고 저리도 맑았으리라.

공기청소기, 무선청소기, 체온측정기. 우물 속 행운이다. 하지만 어찌 그게 다이랴. 나는 못 먹어도 내 새끼는 넉넉하게 먹이려던, 나는 아무리 아파도 참지만 내 새끼는 조금만 아파도 병원에 데려가려던 아버지, 어머니 깊은 마음과 지극정성이 우물에는 담겨 있다.

고단했으나 단란했던 시절. 가진 것은 다들 고만고만했으나 부끄럽지 않던 시절. 여섯이나 되고 일곱이나 되던 옆집 아이, 앞집 아이 이름을 다 알고 지내던 시절. 돌아가고 싶지는 않으나 부정하고 싶지 않은 시절. 당신과 나, 그리고 우리 모두의 그 시절. 민락골목시장 우물이 소중한 이유고 두고두고 간직해야 할 이유다.

"여름에 시원하고 겨울엔 따뜻해요."

우물 셋은 따로따로 떨어져 있다. 간격을 두어 둘은 시장 이쪽에 있고

민락골목시장 세 우물. 1963년부터 여기에 정책이주마을이 들어서면서 팠던 우물이다.

하나는 맞은편에 있다. 찾기는 쉽다. 찾겠다는 마음만 있으면 이내 찾아진다. 청소용 우물물이지만 여름에 시원하고 겨울에 따뜻하다. 그리고 맑고 깨끗하다. 첫 우물 근처 어물전 할머니도 그렇고 끝 우물 근처 신발가게 아주머니도 그런다. 이구동성이다. 물이 살아 있다는 증거이고 이곳 역사가 살아 있다는 증거이다.

민락골목시장 우물은 언제부터 일상에서 멀어졌을까. 다른 말로, 언제부터 다른 물을 식수로 썼을까. 또 다른 말로, 언제부터 수돗물이 들어왔을까. 결론부터 말하면 민락동에 수도시설을 들인 때는 1970년대. 언제라도 특정하지 않는 건 어느 한 해, 어느 한 날 한꺼번에 들인 게 아니기 때문이다. 부산시 상수도 공급 계획과 맞물려 같은 지역이라도 수돗물 들어온 시기가 조금조금 달랐고 전체적으론 삼십몇 년에 걸쳐 수도시설을 들였다.

부산의 상수도 공사는 장기간에 이뤄졌다. 1961년부터 1995년까지 30년 넘는 공을 들였다. 30년 공사 기간은 모두 6차로 나뉜다. 1차는 1961년부터 1966년까지, 2차는 1966년부터 1971년까지, 3차는 1972년부터 1976년까지, 4차는 1978년부터 1982년까지 이어졌고 5차와 6차는 그 이후 1995년까지 이어졌다.

민락골목시장 상수도 공사는 3차와 4차에 해당한다. 1, 2차가 경제개발 5개년계획과 급속한 산업화로 인한 인구증가 등에 따른 공사였다면 3, 4차는 고지대와 변두리 지역 급수난 해소가 목표였다. 이로써 각 가정에 수돗물을 공급하는 배관이 높아졌고 길어졌다. 부산 변두리에 들던 민락골목시장 또한 높아졌고 길어졌다.

"인쇄창이 있었고 피복창이 있었지요. 시장 가까운 동방오거리엔 육군운전연습장이 있었고요."

김종수 민락동 주민자치위원장은 시장 주변의 역사도 들려준다. 민락동에 사람이 붐비기 시작한 것은 엄밀히 따지면 피란민 이주 이전이었다. 피란민 이주 십여 년 전부터 민락동은 사람 소리, 자동차 소리로 붐볐다. 1950년 한국전쟁이 발단이었다. 전쟁이 나자 수영구 곳곳에 군부대가 들어섰다.

수영 전역이 군사시설과 다름없었다. 광안동에는 육군 인쇄창, 육군 제7피복창, 육군측지부대가 들어섰고 망미동에는 국군부산병원, 그리고 민락동 동방오거리엔 육군운전연습장이 있었다. 동방오거리는 삼성 동방생명보험이 있어서 생긴 지명이다. 시장 뒤편 백산에는 국군 제33고사포부대가 들어섰다. 김 위원장 선친이 소유한 부지였다.

시장 첫 상인은 길목에 난전을 펼쳤던 아낙들. 그들이 난전을 펼친 건 군사시설을 직장으로 둔 군무원이 다니는 길목이 여기였던 까닭이다. 인쇄창과 피복창엔 민간인이 넘쳤다. 피복창은 초등학교 졸업 정도의 어린 여성이 연줄을 대고 돈줄을 대어 취직을 청탁할 정도였다. 육군 피복창은 당대 최고의 인기 직업군이었다.

한국전쟁 70주년. 올해 2020년은 전쟁이 일어난 지 70년 되는 해다. 전쟁은 상처도 컸고 후유증도 컸다. 전쟁을 직접 겪지 않은 세대도 그러려니 생각하거늘 전쟁을 직접 겪은 우리 앞의 세대는 오죽했으랴. 하루하루가 깜깜하고 암울했으리라. 그래도 그들은 멈추지 않았고 나아갔다. 오늘보다 나을 내일을 소원했고 여기보다 나은 저기를 소원했다.

민락골목시장은 단순한 시장이 아니다. 전쟁으로 인해 고향에서 타향으로 떠밀리고 도시개발로 인해 살던 데서 변두리로 떠밀린 삼팔따라지의 애간장이 녹아든 시장이다. 떠밀려도 매번 오뚝이처럼 일어섰던 그들 전쟁 피란민. 불굴의 정신력과 생활력으로 발딱발딱 일어섰던 그들이 있었기에 어제보다 나은 오늘의 우리가 있고 저기보다 나은 여기의 우리가 있다. 어제의 그들, 저기의 그들을 되새기는 기념비적인 곳, 거기가 우물셋을 품은 민락골목시장이다.

소설가

1980년 중반 충북 진천에서 부산으로 이주해 왔고
현재 10여 년 넘게 소설을 쓰고 있습니다.
사과처럼 주렁주렁 열린 사람들의 이야기를 듣기 위해 집을 자주 나오는데,
김가경 ● 오늘은 물이 많은 골짜기에서 당신의 이야기를 듣습니다.

물만골이라는 이름의
문패

김가경

물만골은 황령산(荒嶺山, 427.6m) 북쪽 골짜기로, 맑은 물이 가뭄에도 마르지 않고 풍부하게 흐른다고 하여 붙여진 이름이다. 수만곡(水滿谷)마을이라고도 한다. 6·25전쟁 당시 군사 기지용 도로 개설과 1953년 농장(방목장)이 설치되면서 거주자가 늘어 형성되었다. 1964년 초량동 부산항 매축지 철거민들이 이주해 오며 마을 인구가 증가하였다. 1995년 3월 부산직할시가 부산광역시로 승격하면서 연제구가 신설되어 부산광역시 연제구 연산동 물만골 마을이 되었다.[1]

물만골을 찾은 것은 추석날 밤이었다. 문득 그곳의 명절 밤 풍경이 궁금해서였다. 신리 삼거리에서 마을버스 1번을 탔다. 삼십여 년 전, 그곳에 가본 적이 있었다. 마하사란 절에 갔다가 길을 잘못 들어서 내려오다 보니 그 동네였다. 내가 떠나온 충청도 고향마을과 비슷했기에 이질감 없이 자연스레 아랫동네로 내려왔다. 언젠가 한번 다시 와야지, 다짐을 했는데 어

---

1) 한국학중앙연구원 – 한국향토문화전자대전

물만골 전경

느새 세월이 훌쩍 흘러버렸다.

　종점을 한 코스 남겨두고 버스에서 내렸다. 황령산 윗자락을 올려다
보니 거대한 송전탑이 자리 잡고 있었다. 그쪽으로도 드문드문 마을이 있
어 희미하게 불빛이 반짝였다. 보름이라 달은 찼지만 동네는 생각과는 달
리 한적하고 조용했다. 마을 쪽으로 고개를 돌리니 거대한 아파트 두 동이
마을의 시야를 가리고 휘황찬란하게 서 있었다. 별생각이 없다면야 그저
야경이 좋은 동네로 여겨질지 모를 일이었지만 그 모습이 기괴하게 느껴
졌다.

　불빛이 있는 곳을 찾아 마을 쪽으로 걸음을 옮겼다. 도로에서 마을로
들어가기 위해서는 다리를 건너야 했는데 그 아래 계곡물이 흐르고 있었
다. 황령산에서부터 흘러 내려와 아랫마을까지 이어지는 모양이었다. 물
이 많아 물만골이라는 지명을 갖게 되었다는 말을 익히 들었던 터라 흐르

는 물소리에 귀를 기울이며 마을 안으로 들어갔다. 골목은 어두웠지만 불이 켜져 있는 집들이 많았다. 담자락을 타고 나오는 이런저런 소리를 들으며 걷는데 어디선가 책 읽는 듯한 소리가 나직하게 들려왔다. 한밤에 책 읽는 소리라니. 소리가 나는 방향을 찾아 걸음을 옮기다가 막다른 길이 나오기에 골목을 빠져나왔다. 도로에 올라와 마을 쪽을 다시 보니 소리가 흘러나오는 곳이 얼추 짐작이 갔다. 교회건물 안마당에서 한 사람이 고개를 숙이고 무언가를 읽고 있었다. 아마 성경책인 것 같았다. 물만골에는 유난히 종교시설이 많다는 이야기를 들었는데 눈에 띈 간판만 해도 대여섯 개가 넘었다.

물만골에 사람들이 들어와 살기 시작한 것은 한국전쟁 이후부터였다. 일제 강점기말 부산항에서 3, 4부두를 건설하면서 중앙부두 뒤편 일원 매축지를 마감하지 못하고 남겨두어, 큰 물웅덩이가 형성되었다. 한국전쟁 이후인 1962년, 부산시에서 '신부산건설'이란 기치 아래 피란민들 주거지 정비와 함께 부두지구정비공사에 착수했다. 당시까지 남아있던 물웅덩이 주변의 1,600여 세대에 이르는 피란민 판자촌을 정비하면서 이들을 연산동 일대로 강제 이주시켰다. 이때 이주민들 일부가 이곳 물만골로 들어왔고 이후 1970년대 도심철거민들과 농촌이주민들이 모여들어 지금에 이르렀다.

버스종점 쪽으로 걸음을 옮기다 우연히 길가 집을 쳐다보게 되었다. 얼핏 수녀님의 모습이 보이는 것 같았다. '이 시간에 왜 수녀님이 저기 계시지?' 안을 다시 들여다보니 남자가 하얀 수건을 쓰고 있는 것 같기도 하고. 불쑥 들어가 이야기를 나눌 수 있는 상황도 아니었다. 두세 번을 더 그 집

앞을 슬쩍슬쩍 지나다니다 버스가 오기에 타버리고 말았다. 홀린 듯 다니
다보니 시간이 훌쩍 지나있었다.

물만골 마을은 무허가 주거지로 2013년 현재 약 450여 가구 주민이 살
고 있다. 1991년에 무허가 주택에 대한 동래구청의 강제 철거 집행으로
주민과의 대립이 발생하였고, 1999년 2월 주민들은 '물만골공동체'라는
자생 주민 총회를 개최하여 재개발 사업 추진을 공식적으로 중지시켰다.
물만골공동체는 '주민 참여, 주민 자치'라는 슬로건을 내걸고 자생 조직
과 통·반을 통합하여 출범하였다. 물만골공동체의 지속적인 활동을 통해
2002년 환경부 지정 '생태 마을'이 되었으며, 같은 해 부산광역시로부터
'녹색 환경 대상'을 받았다.[2]

이틀 뒤 오후 무렵 황령산 쪽에서 내려오는 방법으로 물만골을 다시 찾
았다. 개울을 경계로 이어진 골목길로 들어섰다. 어디선가 똑깍똑깍 소리
가 들려왔다. 책 읽는 소리에 이어 이상하게 관심을 끄는 소리였다. 추석
날 밤에 둘러보았던 길이라 되돌아 나오는데 가지가 우거진 나무 아래서
한 어르신이 불쑥 나왔다. 가위를 들고서였다. 자연스럽게 그 분과 눈이
마주쳤다. 마스크를 하지 않은 그 분의 인상은 선량해 보였다.

"풀 냄새가 좋아요."

나도 모르게 먼저 말을 건넸다. 어르신은 기다렸다는 듯 손에 들고 있

---

2) 출처-한국학중앙연구원 - 향토문화전자대전

던 가위를 들어 보였다. 지나다니는 사람 불편할까 봐 가지를 쳐주고 있다고 했다. 그렇게 어르신과 대화가 시작되었다.

"이 동네, 오래 사셨나 봐요."
"오래 살았지. 68년도에 왔으니까."
"연세가...?"
"50년생. 범띠."
"존함이...?"
"김!"
"저도 김씨에요. 김해 김씨."
"나는 서흥 김씨."

존함을 다시 여쭙자 말할 수 없다고 했다. 어르신 눈에 장난기가 묻어 있어 나도 긴장을 놓았다. 서흥 김씨 어르신은 경남 삼랑진에서 열일곱 살에 부산으로 오셨다고 했다. 고향에서 농사를 지었는데 먹고 살기 힘들어서 가족 모두가 이사를 왔다는 것이다.

"그때는 이 마을은 없었고, 저 아래 아파트 일대가 온통 갈대밭이었지. 파랑새, 아리랑 담배 알지? 그 땅 한 평이 담배 한 가피 값이었어."

속된 말로, 그곳에서 농사를 짓는 사람들한테 마누라보다 장화가 더 요긴한 시대였다는 말씀에 이유를 물었다. 그 당시 땅이 뻘처럼 질어서 장화 없이는 농사짓기가 힘들었다고 했다. 어르신 말씀에 의하면 그 일대가 서면이나 시내에 사는 사람들의 분뇨를 퍼서 버리는 곳이었다고 한다. 지금은 그 자리에 아파트가 빼곡하게 서 있으니 어르신이 더 이상 땅의 역사를 헤아릴 수 없게 된 거나 마찬가지였다.

부산에 처음 오셔서 목장에서 일을 하셨다고 했다. 물만골 일대부터 남천동 일대까지가 목장이었다는 것이다.

"호스타이 소라고. 그 소를 길렀지. 목장에서 나를 왜 채용을 했냐면 풀도 잘 베고 지게도 잘 지거든. 공부한 놈 목장에 갖다 놓으면 뭐할 거요, 풀도 못 베고 지게도 못 지는데."

그 당시, 그날 짠 우유를 매일 20kg 스테인리스 통 두 개에 담아 리어카에 싣고 지금 이마트 근처에 있는 가게까지 배달을 했다고 한다. 그 우유를 비락우유 공장에서 수거해 갔다는 것이다. 근방에 큰 두부공장이 있어 돌아올 때에는 빈 통에 콩비지를 가득 싣고 왔다고 했다.

나중에 주인의 눈에 들어 젖소 두 마리를 받아 기르게 되었다고 한다.

"송아지 제일 좋은 거 1년이나 1년 반 되는 거 오만 원 할 때야."

그때 아내를 만났고 21살에 군대에 갔다가 돌아와 그 일을 계속하다가 그만둔 뒤 철도청에 들어가 2008년도에 정년퇴직했다고 하셨다. 이 근방에 철도청에 다니는 사람들이 많이 살았다고 했다. 그 이유는 일제 강점기로 거슬러 올라갔다.

일제 강점기 신리마을에 철도관사가 있었다. 지금의 연제구청 뒤편이다. 이 철도관사에는 동해남부선을 건설하는 현장 기술자들이 기거하였으며, 개통 이후에는 철도국 직원들이 이용하기도 하였다. 2000년대만 하더라도 일본식 가옥 형태의 철도관사 건물이 남아 있었으나 브라운스톤 등 아파트단지가 조성되면서 철거됐다.[3]

어르신 이야기는 철도청에 근무하던 때로 이어졌다. 그 당시 동료들과 계를 했는데 돌아가며 총무를 맡았다고 했다. 지금까지 이어지고 있는데 얼마 전 탈퇴를 했다고 한다.

"돈도 너무 많이 들고. 사람들이 내 말을 잘 안 들어주더라고. 다들 잘나서. 도시에서 공무원 시험 쳐서 들어오니 나보다 다 낫다고…."

은근히 무시당한 세월을 견딘 덕에 지금은 백만 원 넘게 연금을 받는다고 했다.

"우리 큰딸이 센텀병원에 간호사로 있는데, 회원 중 하나가 얼마 전에 전화를 했더라고. 손자가 아프다고 아쉬운 소리를 하대."
"그래서요?"
"전화 꺼버렸어."
"아…."
"여태 큰소리치더니, 그 꼴도 보기 싫고."

---

3) 국제신문. 2019. 3. 13. 류승훈 부산시 학예사 씀.

혼잣말처럼 내뱉은 어르신의 말씀에서 낯선 곳에 정착하며 겪었을 설움과 애환이 진하게 묻어났다. 딸이 아파트로 이사를 가자고 하지만 안 간다고 하셨다. 노예처럼 살기 싫다고.

"옛날에는 내 땅이 아니라서 가슴 졸이며 살았는데, 이제 내 땅인데."

어르신 말씀대로 1999년 물만골 공동체를 만든 이후 주민들이 돈을 모아 4차까지 매입한 땅이 현재 십여만 평에 이른다고 했다. 그 덕에 모두 수리는 못해도 집을 조금씩 고쳐가며 살고 있다고 했다. 그래도 여전히 규제가 많아 관련 관공서와 마찰을 빚으며 지내고 있는 것 같았다.

그때 점잖게 차려입은 어르신 한 분이 지나가셨다.

"헹님, 다녀오소!"

어르신이 먼저 말을 건네자 그 분은 손만 들어 보이고 개울 위로 놓인 다리를 지나가셨다.

"어디, 일하러 가시나 봐요."
"야간 경비."

어르신이 낮게 속삭이셨다. 잠시 뒤 그 분이 다리를 지나 되돌아오고 있었다.

"헹님, 또 봐라."

자주 있는 일인지 어르신은 또 한 마디 건네셨다.

"뭘 잊어버리셨나 봐요."
"나이가 먹으면 저리된다. 갈 때 챙겨야지."
"저도 그래요."

그 분이 우리 앞을 지나 다리를 건너는 모습을 지켜보고 있던 어르신이 잊었던 것을 기억해 낸 듯 꺼낸 이야기가 방공호 이야기였다. 마을 입구에 방공호가 있는데 박정희 대통령 당시 남천동 군부대 있는 곳까지 터널을 뚫었다며 목소리를 낮추었다. 1968년 말경 육군 공병2개 중대가 투입되어 터널을 파는데 추운 겨울에 막사도 없이 돌산을 파다가 군인들이 많이 죽었다고 했다. 그 당시 죽어 나간 어린 군인들의 처참한 모습을 설명하시다가 얼굴을 심하게 일그러뜨렸다. 그 감정이 고스란히 나에게도 전해졌다.

그때 아내분이 마스크를 들고나와 어르신께 내밀었다. 낯선 사람을 싫어하는 내색은 아니었지만 얼굴에 피곤함이 잔뜩 묻어 있었다.

"추석 뒤에 신경이 예민해져서…."

어르신이 마스크를 끼고 아내의 눈치를 살피며 슬쩍 집 뒤로 걸음을 옮겼다.

"속 끓일 필요 없어. 스트레스 쌓이면 나만 손해야. 저 아파트 들어가 살면 끝이야. 뭐 하러 감옥에 들어가겠어. 이렇게 나무 가지 쳐주고 산에 다니고 자유롭게 사는 게 좋지."

매일 거대한 아파트를 내려다보며 저런 데 들어가 살면 끝이다, 라는 다짐을 주었다고 했다. 그 말씀이 물만골이라는 제2의 고향을 또 떠날 수 없다는 다짐처럼 들렸다.

"혹시 산에 다니시다가 산삼 보셨어요?"

내가 느닷없이 물었다.

"이런 데 산삼은 없지. 단풍나무 많은 데나 있을까."

언제부터인가 산과 친한 사람을 보면 습관처럼 묻게 되었다. 나도 모르게 서흥 김씨 어르신이 그런 영물과 통할 것 같은 느낌이 들었던 것이다.

"산삼은 못 먹어도 내가 어지간한 병은 이겨낼 수 있어. 코로나든 뭐든 와보라고 해, 끄떡없지. 풀도 먹는 풀 있고 못 먹는 풀이 있거든. 벌레도 마찬가지고, 나는 다 알고 있으니까."

어르신 말씀을 자꾸 듣다 보니 진짜 그럴 것 같아 고개를 끄덕였다. 그렇게 거의 한 시간은 넘게 이야기를 나눈 것 같았다. 어르신께 양해를 구하고 집 안으로 들어갔다. 제일 먼저 눈에 들어온 것은, 낡았지만 아담한 창고였다. 창고 입구에 그동안 어르신이 수십 년 동안 사용해왔을 온갖 도구들이 가지런히 걸려있었다. 그중에 눈에 띈 것은 디젤기관차에 사용했다는 종이었다. 표주박처럼 생긴 쇠뭉치였는데 관리를 잘하셨는지 그다지 녹이 슬지 않았다.

창고와 문패

어르신 애장품을 휴대폰으로 찍고 대문을 나서며 어르신 존함을 다시 여쭈었다. 이번엔 빙그레 웃기만 하셨다. 끝내 알려주지 않으시나, 좀 섭섭한 마음에 돌아서려는데 어르신이 한쪽 손에 쪽 가위를 여전히 든 채 다른 한 손의 엄지를 멋있게 펴서 등 뒤 대문 쪽을 가리켰다. 번지 옆으로 한자 문패가 햇빛을 찬란하게 받고 있었다. 어르신은 가위손을 들어 보이고 분연히 나무 사이로 사라지셨다. 언젠가 다시 올 것만 같아 나는 가볍게 발걸음을 돌렸다.

소설가

소설가로서 부산과 사람들에게 관심이 많다.

나여경 ● 조심하시라, 언제 당신에게 촉수가 뻗칠지 모르니.

턱수염처럼 자라고
또 자라는 생명력으로

나여경

그들은 모두 어디로 갔을까?

"왜, 안창마을이에요?"

'안창마을'의 기억은 강렬했다. '안창'이라는 어감이 특별해 질문 했는데 대뜸 소의 내장처럼 깊숙이 틀어박혀 있어 안창이라고 했다, 그 말이 맞든 안 맞든 신발 안쪽 바닥에 대는 가죽이나 헝겊을 뜻하기도 하는 안창이고 보면 깊숙이 숨어 있는 마을이라는 짐작이 간다.

안창마을은 부산 동구 범일1동과 부산진구 범천2동에 자리 잡고 있는 자연마을이다. 한국전쟁 때 하나둘 모여든 피란민들이 무허가 판자촌을 지어 살면서 형성되었다. 취재 차 만난 주민들의 증언에 의하면 그때까지는 마을 입구에 피란민 몇 가구가 살았을 뿐 집단 주거지 형태는 아니었다고 한다.

60년대 이후 생활이 어렵고 가난한 사람들이 모여들어 농사를 짓거나

안창마을 전경

닭, 돼지 등을 키우며 살았고 제일제당, 태화고무, 삼화고무, 진양고무, 국
제상사를 기반으로 삶의 터전을 일구고자 했던 실업자들과 농촌에서 올
라온 이들이 정착하면서 본격적으로 마을이 형성되기 시작했다.

그동안 안창마을에는 2017년도 오픈스페이스배카가 추진한 공공미술
'안(雁)·창(窓)·고(庫)' 프로젝트를 비롯해 여러 마을재생사업이 진행되었는
데, 열악한 마을의 상징 벽화마을이라는 호칭이 부산시에서 처음 사용된
곳이기도 하다.

마을 입구에 들어서자 초록 잎 덮인 긴 벽면 위, 주홍색 글자가 눈에 들
어왔다.

'여기는 호랭이마을(안창)입니다.'

깊이 들어앉은 지형이며 범일, 범천, 호개천 등 모두 호랑이와 관련 있

는 명칭을 쓰는 곳이니 호랑이가 담배 피며 살았던 마을이 맞을 것이다. 호랭이 마을을 입증하려는 듯 도로 건너 앞쪽으로 호랑이 얼굴을 한 호랭이회관이 눈에 띄었다.

"여기 사신 지 오래되셨나요?"

힘겹게 길을 오르는 어르신 두 분에게 말을 건넨다. 어르신은 여기 이렇게 취재 오는 사람 많다며 스스럼없이 이야기를 꺼내셨다.

"우리가 여기 오니까 열세 가구 살더라고. 몇 가구 안 살았어. 처음에 올 땐 전부 밭이었어. 밭이 많았어. 삼화고무 댕깄는데 애기도 많고 하니까 방을 안 줄라해 그래 여까지 올라와서 자리 잡았다 아이가."

하동이 고향인 할머니(71세 김00)는 안창마을에 와서 40년 동안 살았는데 처음 이주해 왔을 때는 하루가 멀다 하고 구청과의 철거전쟁이 벌어졌다고 했다. 구청에서 나와 부수면 밤새 블록집이 뚝딱 생기고 또 부수고를 반복했다고 한다.

"처음 올 때는 엉망진창이었지 뭐. 전부다 망한께 들어오는 기라 술

먹고 질바닥에 누워있는 사람도 썼고 맨날 술 취해 어억 하던 사람도 많고…. 인자는 다 죽었어. 여기는 사업하다 망한 사람이 많이 들어와 살았어." (75세, 김O옥)

몇 마디 더 여쭤보고 싶었으나 두 분 어르신은 친구들이 기다린다며 발길을 재촉했다.

급히 발걸음을 떼는 어르신들의 뒷모습을 바라보다 옆쪽으로 눈길을 돌리니 도로 공사가 한창이었다. 공사가 진행되고 있는 길, 초입에 위치한 오리고깃집으로 들어갔다.

안창마을을 대표하는 음식으로 유명한 오리고기는 1980년대 후반 범천2동에서 처음 시작되었다고 한다. 오리를 사육할 마땅한 장소가 없어 공급받아 장사를 하는데 다른 곳보다 저렴한 가격과 우수한 맛 때문에 한

안창마을 전경

때는 오리고기를 맛보기 위해 많은 이가 이곳을 찾았다.

"들어온 지 30년 됐어예. 이 동네 들어와 살다 보니 오리고기 장사가 잘 되더라고. 그래가지고 시작했는데 한 10년 정도 잘 되더니 IMF터지고 세월호 넘어지면서 진짜 이거 완전히 코로나 온 것처럼 뒤집어지뿌더라고예. 예전에는 오릿집이라고 안 했고예. '민속집', '학사주점' 이런 식으로 돼 있었어예. 동의대 아들이 막걸리 묵으로 왔어예. 학교 아들이 버스 타고 오고 걸어오고 맘대로 들락거렸거든예. 동의대 학생들이 30%는 차지했을 거라예. 동의대 기숙사 지어지기 전에는 억새밭이 무성했는데 범일초등학교나 좌천초등학교에서 거기로 소풍도 많이 오고 그랬어예."

인상 좋은 오리고기집 주인(57세 박O자)은 흔쾌히 지난 시절 이야기를 들려주었다.

"2000년도에 사업망하고 들어왔는데 식당 일도 하고 직장도 다니고 했어예. 그때 와 보니 길도 좁고 사업이 망하거나 쫓겨 다니던 사람들이 들어와 사니까 후졌다고 해야 되나, 없는 사람들이 아등바등 사는 안 좋은 동네더라고예. 포장 안 된 길에 마을버스 한 대 올라가면 한 대 내려오고 그랬어예. 한 대 밖에 갈 수 없었어예. 그러다가 김선일이 죽고 나서 안창마을이 알려지면서 도로가 넓어졌어예."

그 시절만 해도 아침저녁 일하러 가는 사람들로 마을버스가 **빽빽**하게 들어찼다고 한다. 그야말로 콩나물시루였단다. 길도 역시 비좁기는 마찬

가지였다. 내려가고 올라오면서 서로 어깨를 부딪치는 일이 다반사였다고….

망하거나 쫓겨 안창마을에 이주한 이들은 방 하나 부엌 하나의 궁핍한 삶을 살았지만 여기서도 일어서지 못하면 죽을 일밖에 없다는 절박함으로 하루하루 최선을 다하며 살았을 것이다.

어깨를 부딪치며 치열하게 살았던 그들은 모두 어디로 갔을까. 확장공사가 진행되고 있는 인적 없는 도로로 눈길을 돌렸다.

얼기설기 지붕 위로 널린 전깃줄이 유난히 눈에 많이 잡혔다. 그것은 집과 집을, 사람과 사람을 연결하고 이어주는 짱짱한 네트워크처럼 느껴지기도 했다.

'푸른 눈의 성녀', '열두 아이의 엄마'로 불렸던 독일 출신 '루미네 수녀 기념관' 앞에서 발길을 멈췄다. 동구 사회복지관 간호사였던 수녀는 안창마을에서 허름한 판잣집을 구해 아이들을 가르쳤다. 2009년 안창마을을 떠날 때까지 그녀는 세 살짜리 유아부터 초등학생, 노인, 장애인 등 힘없고 실의에 빠진 모든 이의 삶 속에 빛으로 존재했다.

올해 6월 '루미네 수녀 기념관' 광장 자리에 들어선 건강생활지원센터는 이름만 바꾼 보건소이다. 실제로 마을 주민들은 센터를 보건소라고 불렀다. 5년째 취학통지서를 받은 적 없다는 동네. 나이 드신 어르신이 많은 동네에 걸맞은 시설이라는 생각이 들었다.

이 노무 세상, 원수 같은 안창마을 떠나려 해도

　안창마을은 한국전쟁으로 집단이주를 하거나 해방 후 돌아온 사람들이 만든 해방촌과는 약간 다른 자연마을 형태를 갖추고 있다. 물론 처음 시작은 한국전쟁으로 하나둘 모여든 사람들이 집을 짓기 시작했다는 기록이 있지만 본격적인 안창마을의 시작은 사업에 실패하거나 생활고에 시달리던 사람들이 이주해 오면서 형성되었다.

　현재는 '음식문화 칼럼니스트'로 더 잘 알려진 최원준 시인 역시 그들 중 한 명이었다. 그는 이런저런 신상문제로 80년대 후반 안창마을에 살게 되었다고 한다.

　6개월 조금 넘게 산 짧은 시간이었지만 그가 안창마을에서 만난 사람들과 겪은 일은 평생을 두고 깊이 각인되었다. 그가 안창마을에 처음 스며들었을 때는 거의 슬레이트집이었다고 한다. 7-8평집에 살았는데 집주인은 공공칠가방에 라이터, 손톱깎이 등을 넣고 다니며 팔던 사람이었다. 옛이야기를 하며 그가 한동안 터져 나오는 웃음을 참지 못했다. 그런 사람 집에 세 들어 살았으니 그때 자신의 신세가 어떠했겠냐는 자조 섞인 웃음이었다.

　그의 뇌리에 강하게 남아 있는 안창마을 모습은 구청과 이주민들과의 철거전쟁이었다.

　"구청에서는 막 뿌셔, 그라믄 사흘 뒤에 보로꼬 집이 또 한 채 생겨."

　그는 부수고 짓고가 계속되는 철거전쟁을 자라면 깎고 자라면 깎는 수

염에 비유해 뒷날 「턱수염」이라는 시로 남겼다.

> 강제 철거 시켜보지만
>
> 낮은 포복으로 숨어있던 그들의 삶
>
> 단속이 뜸한 날 슬며시 모여들어
>
> 면상의 미관을 해치고 있다
>
> 나의 철거정책 비웃듯이
>
> 쓰러진 집터에서 툭툭 털고 일어나 앉았다

- 「턱수염」 일부

비록 패자였지만 안창에서 만난 심성 고운 이들도 그에겐 잊지 못할 대상이다. 그때가 자신의 인생에서 상당히 진한 삶들을 만난 시기였다고 회상했다.

"노가다 하던 사람이 있었는데 가끔 술 한 잔씩 하면서 나랑 잘 지냈지. 그런데 어느 날 허리를 다치고 말았어. 그 와중에 마누라는 도망을 가고…. 아 둘을 걷어 먹이기도 그렇고 한 상황이라 가끔 막걸리를 사주기도 했는데 하루는 아들 가끔 돌봐 줘, 라는 의미심장한 말을 하는 거야."

엄마가 버리고 가버린 자신의 아이들을 부탁한 그 사람은 얼마 후 산에서 분신자살을 하고 말았다. 그때의 상황과 심정이 「안창부근·3」이라는 시에 고스란히 담겨 있다.

안창부근·3

-반신 불구 김 씨

술을 마시면 안창마을이 생각난다

아귀같이 살아가던 그 사람들 생각난다

반신불구 원수 같은 몸뚱아리 불 지펴

달아나 버린 마누라 저주하던 김 씨

죽기 전날 내가 사 들고 간 소주 마시며

봉이, 은아 잘 보살펴 달라던 사람

꿈을 꾸며 자꾸 불길이 뜨겁던 날

안방 주인은 나를 불러 깨웠다

저쪽 산 중턱 치솟던 불길

이 사람아 죽기는 왜 죽어 바보 같은 사람아

최 씨는 며칠이고 날품 못 팔고 굶으며 울음을 삼켰다

우리는 어린 상주 앞세워

타버린 집터 옆에 빈소를 차렸다

왠지 모두 말이 쓰러지고 계속 술만 들이켰다

드는 사람 몰라도 나는 사람 안다고

그놈 없으니 허허롭군. 박 씨는 말했다

이 노무 세상 원수 같은 안창마을 떠나려 해도

어디 가서는 못 살 사람들, 그 사람들 아픈 속이야

배불러 집 버리고 나온 내가 어이 알랴

이 허허로운 세상, 안창마을에서

무에 안다고 눈물 흘리며 술을 들이키는지

이 못난 놈이, 내같이 지랄 같은 세상에서.

안창에서 맺은 찐득한 연을 매개로 누구는 삶을 읊조리는 시인이 되었
고 누구는 그의 시가 되었다.

분지 속 잔잔한 물결처럼

조붓한 골목으로 접어들자 집 앞에 놓인 작고 큰 화분 안에 생명력 긴
선인장과 맥문동 등이 자라고 있고 파란 지붕 아래 텃밭에도 삶의 꼿꼿한
흔적들이 무럭무럭 키를 키우고 있다.

이리 이어지고 저리 이어진 골목길을 돌며 취재 중 만난 이들을 생각했
다. 신기한 것은 취재 중 만난 마을 주민들 누구 하나 생활이 불편하다거
나 힘들다고 말한 이들이 없었다는 것이다. 이전보다 얼마나 살기 좋아졌
는지 모른다고, 공기가 너무 좋다고, 집 앞까지 모두 배달되는 살기 편한
세상이라고, 흡족해했다.

마을 위쪽으로 오르니 분지 안에 숨은 마을 전경이 눈에 들어왔다. 산
너머 멀리 높은 키를 자랑하는 아파트 군락 아래 옹기종기 모인 집들의 파
란지붕이 마치 분지 안에 담긴 잔잔한 물결처럼 느껴졌다.

같은 구 안에 사는 이들은 별 불만 없이 서로 의지하며 살아가고 있지
만 호개천을 중심으로 진구와 동구로 나눠진 안창마을은 경계의 모호성
때문에 겪는 어려움 또한 지니고 있다. 같은 마을이지만 구가 나뉘면서 니

미락내미락(서로 미룬다는 뜻의 경상도 방언)하는 안창마을이 호기심 많은 사람의 눈요깃거리나 관광지 정도가 아닌 사람답게 살아갈 수 있는 아름다운 자연마을로 거듭나길 바란다. 그리하여 호랑이가 출몰할 정도로 숲 깊고 물 맑았던 아름다운 동네로 누구에게나 기억되기를….

안창마을 전경

집으로 돌아오는 길, 고개 들어 다시 한 번 마을을 휘 둘러보는 데 오래된 비밀을 품은 집들이 더께로 쌓인 사연을 온몸에 두른 채 가만히 발아래 기민한 삶을 굽어보고 있었다.

교수

중앙대학교 사진학과를 졸업하고 1996년 동주대학교 교수로 재직 중.

다큐멘터리 사진과 순수창작 작업으로 알려진,

부산을 대표하는 사진가로서 문화예술의 영역과 사회복지를 연계한

박희진 ● 문화복지 현장활동가로 인정받고 있다.

문현동 돌산마을,
역사 속으로 사라져

박희진

문현동에서 전포동으로 넘어가는 전포고개 남쪽방향 갈마산 정상에 자리한 문현동 안동네는 '돌산마을'로 불려왔으며 행정구역상 주소는 옛날 주소로 문현동 산 23-1번지로 지정되었고, 새로운 주소로는 '남구 돌산1길 16'으로 고쳐졌다. 황령산의 끝자락에 자리 잡고 있어서 황령마을로 불리기도 한다. 마을 뒤 북쪽 황령산을 사이에 두고 앞쪽으로는 튀어나온 돌들로 형성된 절벽 중간에 주거지가 형성되면서 돌산마을이라 불리기 시작하였다. 2010년을 기점으로 5만 5천㎡ 산기슭에 300여 채의 무허가 슬레이트 또는 목조 집들이 옹기종기 모여 가장 번성(?)한 생활 터전을 형성하였다고 한다. 일제 강점기 이전부터 들어서기 시작했다는 공동묘지는, 90여 기 무덤이 온전한 형태로 무허가 주택들과 함께 마을이 만들어 졌으며, 한국전쟁과 함께 피란민들이 하나둘 모여 살면서 자연스럽게 지금의 돌산마을 모습으로 자리 잡았다고 한다. 하지만 1960년대 초반부터 돌산마을에서 주거지가 형성되었다고 증언하는 주민들이 다수가 있어 확장해서 생각하면 1950년대와 1960년대에 걸쳐 시작되었다고 추측

2012년 돌산마을 전경

해 볼 수 있다.

1876년 부산의 개항과 함께 일본인들이 생활하기 시작한 초량과 광복동 일대는 중심시가지 형태를 갖추게 되었고 이후 근대적 도시형성을 시작하면서 평지가 부족한 부산의 특성으로 인해 남항과 북항 그리고 부산진의 매축공사가 시작되었다고 한다. 1920년대에 들어서면서 공업과 산업 중심의 대일 무역이 증가하면서 조선인 노동자들은 엄청나게 증가하였고, 불안한 고용구조와 저임금으로 인해 도시빈민층이 형성되었으며 무허가로 집을 지어 살 수 있는 산비탈 고지대에 판자촌이 형성되기 시작했다. 이후 부산은 1945년 해방과 동시에 이어지는 귀환동포 행렬, 1950년의 한국전쟁의 피란민이 이주해 오면서 1949년 47만 명이던 부산 인구가 1951년에는 84만 명으로 급증하였고, 정책적으로 부산 인근 지역 분

산수용과 외곽지 생활공간으로 유도하였지만 피란민 수용시설의 부족으로 인해 좌천동과 수정동 영주동 대청동 일대의 산비탈 고지대에 무허가 주거지가 형성되기 시작하였고 사람의 접근이 한적한 공동묘지까지 천막이나 판잣집을 짓기 시작했다.

본격적으로 돌산마을이 형성된 것은 1960년대로 추정되며, 1970년대 이후 도시 빈민들이 합쳐지면서 죽은 사람과 산 사람의 동거(?)촌이 형성되기 시작하였다고 한다. 1970~80년대 다 함께 살기 어려웠던 시기에는 아무도 눈여겨보지 않았던 곳이지만 2000년도 이후 주변에 고층 고급아파트단지 등이 형성되면서 이곳 주거지에 대해 사람들의 호기심 어린 눈길이 모여졌다. 즉, 죽은 사람들의 공간인 공동묘지에 사람들이 모여들어 공생하는 생활 터전이 형성되었다는 사실이 서서히 외부로 알려지기 시작하였다.

한국전쟁 이후 경공업을 중심으로 중화학공업에 이어 전자, 자동차, 조선업 등이 활발하게 일어나던 1960~70년대의 많은 농어촌 젊은이가 일

2012년 돌산마을 전경

감이 있는 도시로 몰려들었다. 특히 산업 전 분야에 걸쳐 활발한 생산 활동이 진행되던 부산으로도 많은 이주민이 들어왔지만 당시 돈 없이 이주해 온 이들이 도시 외곽 빈민촌을 떠돌았다. 이 시기 돌산마을은 제2의 번성기를 맞았고 200가구 이상의 무허가 주택들이 난립하면서 생활용수 부족 등 여러 가지 문제들이 야기되었다고 한다. 이러한 총체적인 도시빈민과 무허가 주택 환경개선을 위해 1962년부터 시작된 부산시의 '신부산건설'과정에서 부산항 주변, 보수동, 영주동, 초량, 수정동, 좌천동과 부산진구 범일동과 범천동 일대의 불량주택 철거와 아파트 건립계획을 시행하면서 동래 서동과 해운대 반여동, 남구 용호동, 수영구 민락동, 부산진구 개금, 사상구 주례동과 북구 만덕동 등에 시영아파트 등 정책이주단지를 건립하여 강제 이주정책을 실행하였다.

1980년대 후반 돌산마을도 이주대상에 포함되어 일부 해운대구 재송동 시영아파트로 일부 입주하였지만 생계유지 수단과 도시기반시설이 없었던 재송동 생활환경 때문에 생계를 위해 다시 돌산마을로 돌아온 주민들도 있었고, 일부 몇몇 사람은 시영아파트 입주권을 브로커에게 되팔아 생계에 보탬을 받기도 하면서 돌산마을은 기존의 산비탈 보

2012년 돌산마을 전경

다 더 높고 험한 곳, 고개를 넘어가는 지금의 정상 부근까지 확장하여 무허가 집을 지었다고 한다.

돌산마을은 키가 크고 가지가 넓게 퍼진 큰 포플러나무가 숲을 이루고 있었기 때문에 무허가 주택을 지어도 나무에 가려져 표시가 잘 나지 않아서 더 많은 무허가 주택이 들어섰다고 한다. 1987년 태풍 셀마로 인해 무성하던 포플러 나무들이 많이 넘어졌고, 나무들을 베어낸 자리에 공터가 생기면서 더 많은 무허가 주택들이 들어서는 계기가 되었다고 한다. 1987년과 1988년에는 자고 나면 집이 한 채씩 들어섰다는 이야기가 지금까지도 전해 온다. 태풍 셀마가 오기 전까지 포플러 나무 숲 때문에 길도 없었고 차도 들어올 수 없어서 집을 지을 때도 조각나무들을 가져와 지었다고 한다. 또한 황토 성분이 많아 비가 오면 주변이 온통 진흙투성이가 되었기

2012년 돌산마을 전경

때문에 전포동에 빗대어 '진포동'이라고도 불렀으며 '마누라 없이는 살아도 장화 없이는 못 산다.'라는 말이 만들어졌었다. 문헌에서 찾을 수 있는 공동묘지는 이미 1898년부터 황령산 자락에 조성되었으며 공동묘지의 매장지가 부족하게 되면서 지금의 돌산마을 위치로 확장되었다고 한다.

돌산마을은 생존한 사람들의 공간이 아니고 무덤이 주인인 공동묘지였지만 국가정책으로부터 배척당한 시민들, 즉 이주민들의 삶의 터전으로 형성되기 시작하였다. 대부분 무허가 건물인 탓에 돌산마을 주민들은 의식주의 기본적인 권리조차 보장받지 못하고 살아왔다. 특히 전기와 상수도 등의 기본적인 생활 기반시설 역시 오랜 세월 혜택을 누리지 못하였다. 단지 무허가 주택에 살고 있다는 이유로 철거의 위협과 불안감을 벗어 버리지 못하는 생활이 지속적으로 이어져 왔다. 생활환경 개선과 사회 발전이 가속화되면서 전기는 없어서 안 될 생활의 수단이 되었고 1980년대 초반 돌산마을 아래 인근 지역의 주택에서 불법으로 전기를 연결하여 사용하는 도전을 해 사용하기도 했다. 전기요금은 매달 돌산마을 주민들이 균등하게 분배하여 전기를 연결해준 집주인에게 전달하였으며 당시 이러한 전기요금 부담은 공동체 의식이 자연스럽게 형성되는 계기가 되었다. 이후 몇 차례 전기를 끌어 오기 위해 노력하였으나 그때마다 브로커들에게 돌산마을 전체가 사기를 당하는 일도 있었다. 식수 공급은 유일하게 현재 현대아파트 자리에 있었던 우물을 사용하였다고 한다. 새벽부터 험한 산비탈을 오르내리며 우물물을 길어 생활하다가 1990년경에 지하수를 파서 마을 공동 물탱크에 물을 저장해서 사용하기 시작했다. 그러나 1990년대 중반 황령산터널의 공사로 인해 지하수가 단절되는 위기도 있었으나 결국 2001년에는 정식으로 상수도가 들어왔다고 한다. 전기와 상수도가 해결되면서 돌산마을의 공동 해결과제가 진입로 확보로 모아졌다. 당시 마을의 중심도로는 고작 자전거가 다닐 정도의 좁은 길이었다고 한다. 문현로타리에서 돌산마을로 올라가는 길목에 현대아파트가 건립되면서 마을 건축물의 균열 등으로 인한 피해보상을 요구하게 되었고 이후 공사현장에서 지원받은 시멘트와 돌산마을 주민들의 자조 협동이 합쳐져 2000년에 마을진입 도로가 완공되었다고 한다.

2012년 돌산마을 전경

예상치 못한 코로나19 감염병 사태로 인해 문현동 돌산마을 주민들의 대면 인터뷰를 실행할 수 없어서, 2007년 교육과학기술부의 재원, 한국연구재단의 지원(NRF-2007-361-AL0001)을 받아 부산대학교 한국민족문화연구소의 차윤정 HK교수(제1저자)와 차철욱 교수(교신저자)가 연구하여 발표한 『무덤마을 주민들의 경험과 장소애착 : 돌산마을 사례를 중심으로』 논문에서 마을 주민인 김O옥 씨, 윤O선 씨, 공O순 씨의 증언을 조사자와 제보자의 형식으로 정리되어 있지만 논문의 원문을 발췌하여 재정리한 내용은 다음과 같다.

"무덤이지요. 전신만신 무덤이었는데 사람들이 많이 모여 살면서, 연고 있는 무덤들은 대부분 이장되었어요."

공동묘지에 판잣집들이 하나둘 들어서면서 일부 주인 있는 무덤들은 이장 등으로 정리되었지만 대다수의 무연고 무덤들은 난립하는 무허가 주택들과 공존의 관계가 형성되었다.

"아이고 무섭지요. 우리 집은 아이들이 딸 다섯인데 무서워서 집 밖을 못나가겠다고 울고 불고..." 당시 전기도 들어오지 않았던 돌산마을은 해

2012년 돌산마을 전경

가지면 아이들이 선뜻 집 밖을 나서기가 무서웠다고 증언한다.

"망하니까 어디라도 자리 잡아 살아야 한다는 생각뿐이었다. 둘이서 악착같이 살아왔고 돌산마을 기억은 지긋지긋하다. 아이들이 학교 다니는 시절인데 큰딸은 학교도 졸업하고 장사도 새로 시작하고 살다 보니 살게 되었다"

돌산마을의 위치가 광복동 남포동의 원도심과 서면으로 넘어가는 경계지역과 1960년대 부산 산업의 중심지였던 조방 앞 원도심과 인접해 있었으며, 뒤로 고개를 넘어가면 전포동과 서면으로 향하고 앞으로 내려오면 부산 시내에서 사통팔달의 현재 문현로타리로 내려갈 수 있어서 인근

2012년 돌산마을 전경

상업지역과 시장 난전에서 하루 벌어 하루를 생활하는 도시 빈민들로서는 다소 불편하지만 집주인의 눈치 보지 않고 생활할 수 있는 무허가 주택가가 형성되는 조건을 가지고 있었다.

"처음에는 무덤이 무서워서 집 밖을 못나갔다. 근데 살다 보니 무서움은 잊고 살게 되었다."라고 회고하면서 "듬성듬성하던 돌산마을에 집들이 빽빽하게 들어서고, 전기가 들어오고 그렇게 하면서 무서움은 잊어버렸다."라고 했다. 해가 지고 어쩔 수 없이 외출해야 되는 경우에는 어떠했냐는 질문에 "밤에 집을 나설 때 영감하고 집을 같이 나서고, 문현동 가게에서 일을 보고 올라오면 마을 입구 하나뿐인 공중전화박스 앞에서 마중 나온 영감하고 같이 집에 들어오고 했다."라고 회고하면서 "무덤은 한도(하나도) 안 무섭다. 사람이 무서웠다. 전포동에 집을 짓는다고 돌산마을로 올라오는 길이 없어졌을 때가 있었다. 그때 장사하고 집으로 돌아 올 때 좁은 산비탈 길에 술에 취한 사람이 누워 자고 있는 경우도 있었다. 그럴 땐 차라리 사람이 무서웠다."라고 덧붙였다.

증언 자료를 해석해 보면 마을로 이주해 온 사람들에게도 이곳은 무서운 곳이었던 것으로 기억된다. 그들이 살아야 할 공간임에도 불구하고, 집 주변에 있는 무덤은 사람들에게 무서움을 불러일으켰던 것이다. 따라서 당시 무덤이라는 경관은 돌산마을에 거주하는 주민들에게 쉴 수 있는 주거지역보다는 두려운 곳으로 인식되었으며, 살아오면서 스스로 적응하고 무덤과의 공생을 받아들이게 되었다고 볼 수 있다.

하지만 이곳이 비록 무섭고 음울한 장소라 하더라도, 돌산마을 사람들

돌산마을 전경

은 이곳을 버리고 떠나기가 쉽지 않았다. 이곳을 떠나 다른 곳으로 이주할
마땅한 터도, 경제적 여유도 없었기 때문이다. 머무를 수밖에 없는 상황
속에서, 사람들은 그들이 장소에 부여했던 부정적인 인식을 변화시키려
한다. 대표적인 예가 무덤이 있어 무섭지 않냐는 물음에 대한 답에서 드러
난다. 경로당에서 만난 제보자는 "무덤은 무섭지 않다. 사람이 무섭다."라
는 대답이나, "무섭기는 뭐가 무서워? 우리가 귀신들한테 해코지 안 하면
그 귀신들도 우리들에게 해코지 안 해. 그냥 같이 사는 거지, 뭐."라는 대
답들이다. 이러한 대답 속에는 장소에 대한 인식의 변화를 주민들 스스로
노력으로 만들어왔고, 돌산마을이 생활의 터전으로 살아가기 위해 부정
적인 생각을 극복하고 적응하였다고 할 수 있다. 그래서 마을에 대한 부정
적인 인식의 중심인 '무덤'을 무서운 것이 아니라고 받아들이면서, 자신의
삶의 장소에서 부정적 의미를 넘어서게 되었다. 주민들의 이러한 태도 변

화는 주민들의 삶에 대한 열정과 의지로 받아 들여야 할 것이다. 또한 돌산마을의 중심 진입로가 완공되면서 공동묘지 마을의 이미지를 벗을 수 있는 계기가 되었고 경찰 순찰차가 들어오면서 범죄가 빈번한 마을 이미지를 개선하게 되었다고 한다.

2020년 10월 돌산마을의 유일한 마지막 거주자를 만났다. 겨울을 재촉하는 듯 도심에서 불어오는 제법 찬 가을바람을 피해 마을 입구 햇살 좋은 벤치에 앉아 있는 83세의 할아버지는 1970년 11월 하던 장사가 잘 안되어 가족들 모두 갈 곳 없는 처지가 되어 소문으로 들었던 돌산마을로 어쩔 수없이 들어와 살 수밖에 없었다고 한다. "분명히 기억하고 있다. 어떻게 잊을 수가 있겠나. 그 추운 겨울에 길바닥에서 1남 2녀 등 다섯 식구가 얼어 죽을 처지가 되었는데... 세간살이 몇 개만 짊어지고 돌산마을을 올라 왔을 때 그땐 이미 판잣집 100채가 넘는 집들이 자리 잡고 있었다. 아

돌산마을 전경

래 쪽 도심에서 보면 나무 숲속이라 집들이 보이지 않았는데, 돌산마을에 들어서는 순간 옹기종기 두 사람이 마주 지나치기도 힘든 담벼락이 자리하고 있었다." 당시 문현동 아래 자성대 부두 등 가까운 부두에는 한국전쟁 때 미군들의 보급품과 구호물자를 하역하면서 포장 박스로 사용된 합판과 판자가 많았기 때문에 돌산마을에 판잣집을 지을 건축자재(?)가 풍부했었다. 밤낮으로 부두 하역장을 기웃거리면서 집 지을 폐자재들을 수거하는 게 일이었다. 컨테이너만큼이나 큰 대형 화물 박스에서 뜯어낸 합판과 각목들 그리고 못 하나까지 재활용하면서 집을 지었다. 당시에는 보기 드문 비닐과 철사 등 유용한 재료들을 손쉽게 구할 수 있었다고 한다. 2020년 10월 현재 만 50년째 생활고가 있는 마지막 거주자는 집마다 누가 사는지 모르고 살았다고 한다. 시골 마을처럼 인심 좋은 마을이 아니고 하루 벌어 하루 먹고살기 힘든 처지였기 때문에 주민들 간에 정을 나누거나 인사를 할 수 있는 처지가 아니었다고 한다. 돌산마을을 벗어나지 않고 왜 계속 살아 왔느냐는 질문에 "하루하루 쫓기면서 살아왔다. 돌산마을에 들어와 돈 벌어 나간 사람을 본 적이 없다, 그냥 그렇게 살아왔다. 잘 살고 못 살고가 아니고 그냥 하루하루 살아왔다. 이제 내가 마지막 남은 한 사람이다. 동네 사람들 보상금 받아 이주해 나가고 혼자 남았다."

2008년 부산시는 열악한 주거환경과 노후주택의 부정적인 이미지를 개선하고 새로운 볼거리 중심의 명소를 만들려는 목적으로 '문현안동네 거리벽화사업'을 추진하였고, 돌산마을 주민들과 순수 자원봉사자들이 협력하여 3월부터 6월까지 40여 점의 벽화를 완성하였다. 부산시에서 처음 시도한 거리벽화사업에도 불구하고 그해 '대한민국 공공디자인대상

돌산마을 마지막 거주자

주거환경 분야 최우수상'을 받기도 하였다. 이후 몇몇 국내 영화 촬영의 배경이 되기도 하였고 아마추어 사진동호인들과 관광객들의 발길이 이어졌다. 벽화마을의 원조로 인식되면서 전국적인 유명세를 탔던 돌산마을은 2020년을 마지막으로 재개발로 인해 영원히 역사 속 추억으로 사라지게 된다. 이미 지난 6월부터 한국토지주택공사는 4만 6030㎡ 면적으로 지하 3층 지상 28층 8개 동 규모의 1천 72세대 아파트단지 재개발을 위해 석면 철거작업을 시작하였으며, 300여 가구 중 대부분 주민들은 이주를 마쳤으며 마지막으로 남아있던 20여 가구도 2020년 가을이 오기 전 이주를 마무리한다고 한다.

1980년대 후반 부산시의 도시 재개발사업으로 이주정책이 실행되었지만, 자고 나면 집이 한 채씩 들어섰다는 그때와는 다른 방법과 절차로

돌산마을 전경

재개발이 진행되고 있다. 문현동 돌산마을은 곧 역사 속으로 사라지겠지만 우리 사회의 근대화와 산업화, 그리고 도시화의 단면을 보여 준 또 다른 작은 역사로 남길 기대해 본다.

돌산마을 2020년 전경

기억을 품다
흔적을 더듬다 **부산의**
마을

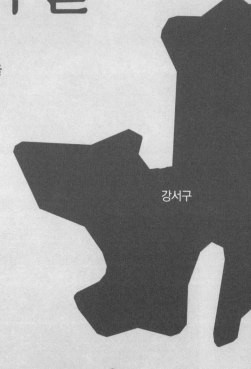

강서구

가덕도

❷

* 부산에 있는 여러 마을 중 20개 마을을 사전 조사하였고,
이번 단행본에는 16개 마을에 관한 이야기를 실었다.

* 위에 소개된 마을 중 초량동 45번지, 영주동 충효촌, 문현동 돌산마을,
문현동 철길마을, 좌천동 아사히고무마을, 좌천동 군용지마을, 전포동 의용촌은
현재 사라지고 있거나 이미 역사 속으로 사라진 마을이다.

부산문화재단 사람 · 기술 · 문화총서 ⑦
기억을 품다 흔적을 더듬다 부산의 마을
ⓒ 2021, 부산문화재단

초판 1쇄 발행   2021년 1월 14일
기획   부산문화재단 기획홍보팀
발행처   부산문화재단
               48543 부산광역시 남구 우암로 84-1 (감만동)
               T. 051-744-7707 F. 051-744-7708   www.bscf.or.kr
글쓴이   강희철 김가경 김종희 김한근 김홍표 나여경 동길산
               류승훈 박희진 배길남 배종진 주경업 최원준
편집위원   김한근 박희진 반민순 배길남 오지은 최원준
책임편집   조형수 김지혜
제작 및 유통   도서출판 호밀밭
출판등록   2008년 11월 12일 (제338-2008-6호)
               부산광역시 수영구 광안해변로 294번길 24 B1F
               T. 070-7701-4675 F. 0505-510-4675 homilbooks.com